지
족
불
욕

이 책은 2021년도 고려대학교 글로벌비즈니스대학 특성화연구비 지원의 결과물임.

知

足

不

辱

지족불욕

중국 청백리 열전

이해원 지음

이담북스

저장성 쑤저우 문묘의 염석

관리의 청렴함을 상징한다. 중국 삼국 시대 오나라의 청백리 육적(陸績)이 임기를 마치고 떠나려 하는데, 짐이 너무 가벼워 배가 균형을 잡지 못했다. 그는 뇌물수수나 임지에서 착취하여 얻은 비단이나 금은보화 대신 큰 돌을 실어 배의 균형을 잡고 무사히 다음 임지로 갈 수 있었다고 한다.

"인사가 만사다"라는 말은 최고 통치자나 고위공
직자들이 하거나 자주 듣는다. 동서고금에 모두 통용되는 명언이다.
인사는 천하를 얻은 자의 첫 번째 통치술이자 급선무다. 인물의 잘못
된 등용은 곧 정권의 몰락을 가져올 수 있기 때문이다. 국가의 막중한
임무를 맡길 수 있는 능력과 인성을 갖추었는지 정말로 그 인물의 실
체를 정확하게 파악할 수 있을까? 말 위에서 얻은 정권 창출의 공신은
과연 말에서 내려와 나라를 다스리는 통치의 인재일까? 창업과 수성은
서로 차원이 다른 정치 행위다. 새로운 정권을 창출하는 것보다 지켜
서 새로운 비전을 세워 목표를 완성해야 한다. 과연 능력이 있다고 측
근이 추천한 사람을 그대로 중요 자리에 앉힐 것인가 아니면 능력보다
도덕적 인성이 높아 올곧은 사람을 쓸 것인가? 꼭 자기편을 써야 하나
아니면 적이라도 능력과 인성을 두루 갖춘 인물이라면 내 편 네 편 구
분 없이 쓸 것인가? 우리는 이러한 인사 등용의 중대한 문제를 중국의
역사에서 그 해답을 찾을 수 있다.

전국시대 때 제나라의 환공이 참모 포숙아가 추천한, 자신의 친구지
만 적의 참모였던 관중을 과감하게 등용하여 그의 보좌로 전국 7웅 가
운데 으뜸이 되었던 역사적 사실을 잘 알고 있다. 이것은 너무나도 이
상적 과거의 얘기라고 치부할 수 있다. 한나라를 세운 유방에게는 그
를 도와 천하를 얻게 한 공신이 무수히 많았다. 그렇다면 왜 한고조

유방은 '한초삼걸(漢初三傑)'로 알려진 그의 3대 공신 한신, 소하, 장량 가운데 군막에서 '운주유악(運籌帷幄)'한 전략가 장량과 후방에서 군량 공급을 원활하게 후방에서 처리한 소하를 제외한 대다수 공신을 죽였을까?

천하를 평정한 고조는 낙양에 도읍하였다. 항우를 위해 한나라를 배반한 임강왕(臨江王) 공환(共驩)이 낙양으로 와서 항복하였으나 고조는 그를 죽였다. 연왕(燕王) 장도(臧荼)가 모반하자 대(代) 땅을 공격하여 함락시키고 고조가 그를 사로잡았다. 항우의 부장이었다가 고조에게 투항했던 이기(利幾)가 모반하여 고조가 친히 군사를 거느리고 그를 토벌하였다. 어떤 사람이 변란 사건을 상소하면서 초왕(楚王) 한신(韓信)이 반란을 꾀하고 있다고 보고했다. 이에 고조가 좌우 신하에게 물으니 모두가 한신을 토벌해야 한다고 하여 그를 체포했다. 아마도 이것은 백전백승의 맹장 한신이 너무 군사력이 막강하므로 황제에게 위협이 되므로 미리 그의 세력을 약화하려고 대책을 세운 결과로 회음후(淮陰侯)로 강등시키고 그의 봉지를 둘로 나누었다. 조나라 진희(陳豨)가 대 땅에서 모반하여 고조가 친히 그를 공격했는데 그가 장사꾼이었음을 알고는 진희의 부장들을 황금으로 유혹하였으므로 투항하는 자가 많았다. 회음후 한신이 관중에서 모반하자 그의 삼족을 멸하였다. 양왕 팽월이 모반하자 그의 왕위를 폐하고 촉 땅으로 추방했다. 그가 다시 모반하니 마침내 그의 삼족을 멸하였다. 회남왕 경포가 모반하여 고조가 친히 그를 공격하자, 도망을 쳐서 별장(別將)을 보내 그를 추격하게 하고 그의 목을 베었다. 조나라 진희를 참살하였다. 고조와 동향이고 여후(呂后)의 총애를 받는 벽양후(辟陽侯) 심이기(審食其)가 고조에게 노관(盧綰)이 모반의 징조가 있다고 보고하자 고조는 번쾌와 주발(周勃)을 시켜 노관을 공격하게 했다. 이렇게 고조는 무수히 많은 공신을 무참하게 죽였다.

공신의 처리도 통치자에게는 큰 골칫거리일 것이다. 권력을 주어도 안 주어도 반역의 가능성은 얼마든지 있다. '토사구팽'의 덫에서 벗어나고자 자리에 연연하지 않고 '공성신퇴'의 지혜를 살린 두 인물, 범려와 장량은 공명의 집착과 미련을 버리고 부귀영화는 뜬구름에 불과하다고 여겨 속세를 초월하여 자연을 벗 삼아 살며 천수를 누렸다.

한고조는 경포를 공격하다가 경포 부하가 쏜 화살에 맞아 병이 나서 자리에 눕게 된다. 부인 여후가 고조에게 물었다.

"소하(蕭何)가 죽으면 누구를 대신하게 할까요?"

"조참(曹叅)이 대신할 수 있을 것이오."

"그 사람 다음에는 어떻게 할까요?"

"왕릉(王陵)이 할 수 있지만, 그는 다소 고지식하여 진평(陳平)이 그를 돕도록 하는 것이 좋소. 진평은 지혜가 충분하지만, 단독으로 대사를 맡는 것은 어렵소. 주발은 중후하나 문재(文才)가 모자라오. 그러나 유씨 한왕조를 안정시킬 자는 틀림없이 주발이니 그를 태위로 삼을 만하오."

"다음 사람은 누군가요?"

"그건 당신이 알 바가 아니오."

여후가 조정의 권력을 장악하고 여씨 일족을 왕으로 삼으려고 하였다.

우승상 왕릉이 반대했다.

"고조께서 유씨가 아니면서 왕이 되면 천하가 함께 죽일 것이라고 말씀하셨습니다."

그래서 여후는 좌승상 진평과 강후(絳侯) 주발에게 물었다.

주발이 찬동했다.

"태후께서 황제의 직권을 행사하면 그래도 되십니다."

이에 왕릉이 진평과 주발을 나무랐다.

"태후의 사욕을 용인하고 그녀의 뜻에 영합하였으니 맹약에 어긋나오."

진평과 주발이 다그치며 말했다.

"사직을 보전하고 유씨의 후손을 안정시키는 일에는 그대 또한 우리에 미치지 못하오."

왕릉은 대답할 말이 없었다.

이상으로 볼 때 황제는 자기 부하 중에서 정확히 모반할 자와 부하의 성격과 능력을 잘 알아보고 국가의 중요한 자리를 누구에게 맡겨야할지 잘 알고 있었다.

공신을 왜 죽였을까? 모반하였기 때문이다. 그것은 공신이 논공행상을 통해 보상을 받은 후에 천하를 차지할 때 공헌한 자기의 공이 크다고 생각하여 점차 교만해져서 엉뚱한 생각을 가슴에 품었기 때문이다. 이러한 교만은 주원장의 명장 남옥(藍玉)도 마찬가지였다.

명나라를 세운 주원장은 왜 남옥을 죽였을까?

남옥(?-1393년)은 개국공신으로 담력과 지략에 뛰어난 장수이며 공신 상우춘(常遇春)의 처남이었는데 북원(北元)을 대파하는 등 많은 전투에서 큰 공을 세웠다. 그는 홍무 26년(1398년)에 모반죄로 주살되었다. 명태조는 왜 그를 죽였을까? 남옥이 교만했기 때문이다. 남옥은 몽골족을 여러 차례 물리쳐 무공이 빛나는 장수였다. 태조는 일이 더 커져 남옥이 황제에게 위협이 되거나 피해가 자신에게 미치지 않도록 미리 죽였다.

남옥이 전공을 세우고 주원장이 그에 대한 대우가 더 좋아지자 남옥은 교만해지기 시작했다. 남옥은 노비와 양아들을 많이 기르는 한편 자신의 권세를 믿고 행패를 부려 백성들의 밭을 강점하여 어사가 조사하였는데 남옥이 크게 화를 내자 어사가 조사를 중지하고 그냥 가버렸다. 주원장은 그를 양국공(梁國公)에 봉하려고 하였으나 그의 과실이 많아 '양(梁)'을 '양(凉)'으로 바꿨다. 그러나 남옥은 자신의 잘못을 고치지 않았고 황제가 베푼 연회에서 오만한 말을 내뱉기도 하였다. 남옥은 군중에서 장수들의 승진과 임면을 제멋대로 혼자서 결정했다. 황제가 여러 차례 그를 질책했다. 남옥이 서쪽으로 정벌을 나갔다가 돌아왔을 때 태조는 그를 태자태부에 임명했는데 이에 다른 공자보다 자기 자리가 낮다며 자신이 왜 태사가 될 수 없냐고 불만을 터뜨렸으나, 태조는 그의 건의를 받아들이지 않아 남옥은 기분이 상했다.

홍무 23년(1393년), 특무 사찰기관이었던 금의위(錦衣衛) 지휘(指揮) 장환(蔣瓛)이 남옥이 모반했다고 고발했다. 그를 하옥시키고 국문하였는데 경천후(景川侯) 조진(曹震), 이부상서와 호부상서 등과 함께 모반했다고 자백했다. 태조는 호유용 사건 이후 재상직을 폐지여 중앙집권을 강화하였다. 남옥의 재산을 몰수하고 삼족을 멸했으며 그와 연좌된 사람 1만 5천 명을 모두 주살하여 백관의 경계로 삼았다.

남옥과 태자와 얽힌 고사 하나.

남옥은 공신으로 개평왕(開平王)인 상우춘 부인의 남동생이고 상우춘은 태자 주표(朱標)의 장인이므로 남옥은 태자와 친척이었다. 주원장의 장자 주표는 유가 경전을 숙독하고 성격이 인자하며 너그러워 동생들이 잘못을 저질러도 중재에 나서 조정하여 해결하는 등 동생들과의 우애도 두터웠는데 일찍이 홍무 25년(1392년)에 병으로 죽었다. 남옥이 살아있을 때 주표와 자주 왕래했다. 하루는 남옥이 몽골 땅에서 돌아와 주표를 만났을 때 태자에게 말했다.

"제가 연왕(燕王) 주체(朱棣)를 그의 봉지에서 관찰했는데 그의 일거수일투족이 태조 폐하와 똑같았습니다. 연왕은 보통 사람이 아닙니다. 조만간 반란을 일으킬 것입니다. 저는 그의 기개가 남보다 뛰어나서 천자의 기상이 있음을 발견했습니다. 태자께서는 조심하셔야 합니다!"

연왕 주체는 주원장의 넷째 아들로 고려 공녀(貢女) 출신 공비(碩妃) 소생이었다. 주체는 조선 태종 이방원과도 절친했고, 그가 '정난지역(靖難之役)'을 일으킬 때 이방원의 도움을 받은 역사적 사실도 있었다.

태자는 남옥에게 대답했다.

"나의 셋째 동생 연왕은 나를 매우 존중하오. 절대 그럴 일이 없을 것이오."

"저는 태자께서 대우해주시니 몰래 이 일이 매우 심각하다는 것을 알려드리는 것입니다. 제 말이 틀리기를 희망하는 바입니다."

얼마 후 태자가 병으로 죽자 조정에서 후계자로 논쟁이 벌어졌다. 명태조 슬하에는 황자 26명과 황녀 16명이 있었다. 태자 주표의 장남 주웅영(朱雄英)이 요절했으므로, 관례에 따라 태자의 차남 주윤문(朱允炆)이 태자가 되었고, 홍무 31년(1398년)에 태자는 15세에 등극하여 건문제(建文帝) 혜제(惠帝)가 되었다.

이제 남옥이 태자 주표에게 한 말은 역사가 되었다.

건문제 수하에는 그를 보좌하는 당대의 석학 황자징(黃子澄), 제태(齊泰)와 방효유(方孝孺)라는 세 명의 대신이 있었다. 태조 주원장은 자신의 아들을 전국 각지에 번왕(藩王)으로 봉했는데 이 세 대신의 권유로 숙부들을 제거하기 시작했다. 숙부들이 죄가 있든 없든 죄명을 날조하여 번왕 세력이 약한 왕부터 제거했다. 1년 동안 5명의 번왕을 제거했다. 이에 대항하여 연왕 주체는 도연(道衍) 스님이 고문이 되어 그의 책략과 환관의 도움으로 '황실의 위난을 평정하기 위한 군사 행동'이란 명분의 '정난지역'을 일으킨다.

연왕은 그가 반란을 일으키지 않겠다는 약속으로 자기의 세 아들을 건문제가 있는 도성 남경성에 남겨두었다. 그래서 연왕은 병을 위장하고 미쳤다고 거짓으로 정신병자 노릇을 하며 자기 아들들을 돌려 보내 달라고 애원하는 척했다. 자기 아들들이 돌아오자 즉시 지금의 북경 지역에서 천진(天津)을 거쳐 남하하여 남경성을 공격하였는데 조카 건문제의 행방이 묘연해진 가운데 성에서 궁문을 열어주고 백관이 영접하여 황제 자리에 등극하니 그가 바로 영락제(永樂帝)이다.

명태조는 공신 이선장(李善長)과 호유용(胡惟庸) 그리고 그들에 연좌되어 셀 수 없이 많은 사람이 죽었다. 명태조는 왜 그의 공신 이선장과 그의 가족 70여 명 그리고 그의 동향 친구 호유용과 그와 연루된 3만 명이나 되는 수많은 사람을 끔찍하게 죽였을까? 명태조는 역사를 거울로 삼아 탈취한 천하를 잘게 쪼개어 자기 혈육이라 반란을 일으키지 못할 것으로 예측하고 만은 아들들을 할당된 지역에 봉했는데 이번에는 조정에 문제가 발생하였다. 동향 친구라는 이유만으로 호유용은 우승상으로 추천되었고 곧 좌승상으로 승진하여 조정에서 자신의 말을 듣지 않는 자들은 배척하고 계속 자기 고향 출신들을 등용하여 도당을 짓고 교만해지면서 황제에게 알려야 할 문건을 중간에서 빼돌려 제멋대로 정무를 처리해버리는 일까지 자행하였다.

주원장은 원나라 말 가난한 농민의 아들로 지금의 안휘성 봉양(鳳陽)인 호주(濠州) 종리(鍾離)에서 태어났다. 그는 어린 나이에 지주의 목동 노릇을 했다. 그의 나이 16살 때 심한 가뭄에 메뚜기 떼가 곡식을 갉아먹고 돌림병이 창궐하여 굶어 죽거나 병들어 죽은 자들이 속출하는 가운데 그의 부모와 형들도 연이어 사망했다. 생계를 도모할 수 없게 되자 절에 들어가 최소한 굶지는 않았다. 북송 때 성행하였고 원나라 말경에 미륵불이 나타나 도탄에 빠진 백성들을 구원할 것이라는 예언을 퍼뜨려 농민들 마음을 사로잡은 백련교를 신봉하는 유복통이 한산동을 옹립하여 반란을 일으켰다. 그들이 홍건적이다.

토호 곽자흥(郭子興)이 주원장의 고향에서 반란을 일으키자, 부모의 비참한 죽음을 지켜보며 세상을 원망하는 분노의 마음을 품은 25세의 주원장은 즉시 그의 부하가 되었다. 관군과의 싸움에서 전공을 크게 세웠다. 곽자흥의 고향은 주원장의 고향에서 그리 멀지 않은 정원(定遠)이었다. 주원장이 정원에 있는 원나라 군영을 공격하여 정원을 탈취했다. 정원의 토호 풍씨(馮氏) 형제가 농민군을 거느리고 주원장에게 투항하였다. 이때부터 주원장은 천하를 평정하여 황제가 될 원대한 야망을 품었다.

정원에서 저주(滁州)로 진군할 때, 정원 사람 이선장(李善長)을 만나게 된다. 이선장은 어려서부터 책 읽기를 좋아하고 지혜와 책략에 뛰어났는데 특히 법가 학설에 통달하였다. 이선장이 주원장을 찾아가서 만났다. 주원장은 그의 계책을 듣고 기뻐하며 자신보다 14살이나 위인 그를 예의를 갖춰 대우하고 문서 작성과 관리를 관장하는 서기 직책을 맡겼다. 주원장이 일찍이 이선장에게 물었다.

"지금 천하가 어지러운데 언제야 평정되어 안정을 되찾을 수 있겠소?"

이선장이 계책을 냈다.

"진나라 말 천하가 어지러울 때, 한고조는 보통 사람의 신분으로 굴기했고 그의 성격은 도량이 넓고 너그러웠으며 사람을 잘 알아보고 적재적소에 등용하였으며 함부로 사람을 죽이지 않아 겨우 5년 만에 제왕의 대업을 이뤘습니다. 지금 원나라 기강이 무너져 조정과 사회가 혼란하고 국가가 사분오열되었습니다. 만약 한고조를 배울 수만 있다면, 천하는 쉽게 평정될 수 있습니다."

주원장은 그의 말이 일리가 있다고 여겨 칭찬했다.

이선장은 주원장이 저주를 공격할 때 한고조의 책사 장량처럼 주원장의 참모가 되어 그를 위해 책략을 내어 중대한 일의 결정에 참여했다. 후에 절동(浙東) 지역을 공략할 때 유기(劉基)라는 인물을 얻은 주원장이 그를 자신의 장자방(張子房)이라고 말했는데, 자방은 장량의 자다. 마치 한고조에게 소하가 한 것처럼, 군대에 물자 공급을 원활하게 하여 주원장의 신임을 얻었다.

주원장이 점차 명성을 드날리자 장수들이 주원장에게 투항하였다. 이선장은 그들의 재능을 관찰하고 평가서를 주원장에게 제출하여 참고하도록 했다. 곽자흥은 소문만을 듣고 주원장의 병권을 빼앗기 시작했고 또 주원장 신변의 이선장을 빼앗아 자기를 보좌하게 하려고 했으나 이선장이 거절했다. 주원장이 소호(巢湖)의 수군을 얻자 이선장은 장강을 건널 것을 건의하였고, 장강의 채석을 공격한 후 주원장이 태평을 공격할 때 미리 격문을 붙여 사병들이 군기를 위반하지 못하도록 미리 조치하여 군중이 질서정연해져 범법행위가 거의 없었다.

주원장은 집경로(集慶路), 지금의 남경을 공격하게 되었는데 진강(鎭江)을 점령할 때 주원장은 장수들이 부하들을 단속하지 못할까 걱정되어 일부러 화를 내고 그들에게 벌을 내리자 이선장이 구해주어 이일이 해결되었다. 진강을 공격하여 점령한 후에 백성들은 군사들이 왔던 것도 몰랐다. 이렇게 하여 주원장은 천하의 인심을 얻었다.

주원장이 오왕(吳王)이 되었을 때 이선장은 우상국(右相國)이 되었다. 주원장이 인재를 등용할 때 이선장이 문서의 초안을 작성하게 했다. 이선장은 재정을 담당하여 국가재정이 증가하고 백성들도 궁핍하지 않았다. 홍무 원년(1367년), 주원장은 이선장을 선국공(宣國公)에 봉하고 좌상국에 임명했다. 또 그와 어사중승 유기에게 율령을 제정하게 했다. 주원장은 국가의 정사를 이선장에게 맡겼다.

홍무 3년(1370년)에 주원장이 공신을 봉하며 말했다.

"이선장은 말을 타고 전쟁터에서 이룬 공로는 없지만 짐을 따라 여러 해 동안 군량을 공급한 공이 크므로 응당히 크게 봉해야 한다."

주원장은 그에게 특진광록대부, 좌주국(左柱國), 태사, 중서좌승상에 임명하고 한국공(韓國公)에 봉했으며 봉록이 4천 석이었고 자식에게 세습되었다. 당시 공에 봉해진 공신은 서달(徐達)과 상우춘(常遇春)의 아들 외에 3명 그리고 이선장을 포함해서 6명뿐이었다.

이선장은 겉모습이 관대하고 온화했지만, 속마음은 질투심이 무척 강했다. 참의(叅議) 이음빙(李飮冰), 양희성(楊希聖) 두 사람이 이선장의 권위를 상하게 하자 이선장은 즉각 황제에게 상주하여 두 사람을 파면시켰다. 유기와 법령에 대해 논쟁하다 유기를 모욕하자 유기는 마음이 불안하여 귀향을 청했다. 태조 주원장이 임용한 장창(張昶), 양헌(楊憲) 등이 모두 죄를 짓자 오직 이선장 한 사람만이 그들을 조정으로 돌려보내 계속 관리 자리에 앉게 했다. 이선장의 권세와 자리가 정점에 달했을 때 점차 그는 오만해져서 주원장도 그에게 반감이 생겼다.

홍무 4년(1371년), 이선장은 병환으로 귀향했다. 홍무 9년(1376년), 태조는 임안공주(臨安公主)를 이선장의 아들 이기(李祺)에게 시집보내 그가 부마도위(駙馬都尉)가 되었다. 두 사람이 결혼한 지 1개월이 지나자 어사대부 왕광양(汪廣洋)이 상소했다.

"이선장은 폐하의 총애에 기대어 제멋대로 행동하여 폐하께서 병환이 드시어 조회에 나오지 않으신 지 열흘이 되었는데도 병문안도 하지 않았고 부마도위 이기도 엿새가 지나도록 조회에 알현도 하지 않았으며 그를 어전으로 불러도 또 죄를 인정하지 않으니 폐하에 대한 불경죄에 속합니다."

이선장은 이것 때문에 봉록이 4천 석에서 1천 8백 석으로 삭감되었다.

승상 호유용이 처음으로 지금의 안휘성 선성(宣城)인 영국(寧國)의 지현(知縣)에 부임한 것은 이선장의 추천 때문이었고 태상소경(太常少卿)으로 승진되어 후에 좌승상까지 올랐다. 두 사람은 이것 때문에 왕래하였다. 이선장의 동생 이존의(李存義)의 아들 이우(李佑)는 호유용의 조카사위가 되었다. 홍무 13년(1380년), 호유용이 모반죄로 주살되었고, 그에 연루되어 처결된 자가 매우 많았음에도 불구하고 이선장은 여전히 건재했으며 어사대의 중승 자리가 비어 이선장은 잠시 어사대 일을 맡았고 여러 차례 황제에게 건의를 제출하였다. 그런데 홍무 18년(1385년)에 어떤 사람이 이존의 부자는 사실은 호유용의 패거리였다고 고발했다. 그러나 명태조는 그들 부자를 죽이지 않고 지금의 상하이 북쪽 장강 입구의 숭명도에 안치하였으나 이선장이 황제에게 감사의 표시를 하지 않아 명태조는 이선장에게 원한을 품게 되었다.

홍무 23년(1390년), 이선장은 이미 나이가 77세였다. 경성의 연루된 사람들이 변방으로 배치되었는데 여기에 이선장의 친척 정빈(丁斌)이 포함되었다. 이선장이 그를 사면해달라고 청했으나 황제는 크게 화를 내고 정빈을 죄로 다스려 벌을 주었다. 정빈은 이전에 호유용 집에서 일했는데 이존의가 호유용과 서로 왕래한 사정을 발설했다. 그래서 명태조는 이존의 부자를 체포하여 심문하게 하니 이선장이 연루되었다고 자백했다.

호유용이 모반을 기도하려고 이존의를 이선장에게 보내 설득했지만, 이선장은 그를 질타하며 "도대체 너희들은 왜 그러냐? 신중해야 한다. 그렇지 않으면 구족(九族)이 멸할 것이다"라고 했다. 얼마 후 이선장의 친구 양문유(楊文裕)를 보내 이선장을 설득했다. "이 일이 성사된 후에 회서(淮西)의 땅을 봉해 왕으로 삼겠다"라고 하니, 이선장이 놀라서 동의하지 않았지만 마음이 흔들렸다. 호유용이 직접 찾아가 이선장을 설득했지만, 이선장은 동의하지 않았다. 호유용이 다시 이존의를 보내 이선장을 설득하게 하자, 이선장이 말하길, '나는 이미 늙었소. 내가 죽은 후에 당신들이나 스스로 알아서 처리하시오'라고 했다.

또 어떤 사람이 이선장을 고발했다.

"장군 남옥(藍玉)이 군사를 이끌고 변방으로 갔을 때, 호유용이 몰래 사통하여 안에서 모반하면 밖에서 호응하기로 밀약한 원나라의 옛 대신 봉적(封績)을 포로로 잡았는데도 이선장이 이를 숨기고 보고하지 않았습니다."

어사가 상주하여 이선장을 탄핵하였다.

또 이선장의 노복 노중겸(盧仲謙) 등이 고발하였다.

"호유용과 이선장은 서로 뇌물을 주고받았고 사사로이 비밀리에 자주 만나 사적인 대화를 나눴습니다."

이러한 증언으로 볼 때, 이선장은 비록 황족이긴 했지만, 반역 음모를 알고도 폭로하고 신고하지 않았으며 망설이면서 관망하고 대역죄를 말하지 않았음이 드러났다. 명태조는 그와 그의 처, 자식, 동생, 조카 등 모두 70여 명을 죽였다.

호유용(?-1380년)은 안휘성 호주 정원 사람으로 고향이 이선장과 같다. 개국공신이었으나 반란 혐의로 처결되었다. 개국공신을 황제는 왜 죽였을까?

용봉(龍鳳) 원년(1355년), 호유용은 화주(和州)에서 주원장에게 투신했다. 주원장이 명나라를 세우고 황제로 등극한 후, 홍무 6년(1373년), 이선장의 추천으로 호유용은 우승상이 되었고, 홍무 10년(1377년)에 좌승상이 되어 백관의 우두머리가 되었다.

주원장은 호유용이 재주가 있다고 여겨 총애했다. 여러 해 동안 홀로 재상직에 있었고 사람을 죽이고 살리는 권한과 관리의 승진, 파면의 대사를 맡았다. 어떤 때는 주원장에게 보고하지 않고 자신이 직접 집행하기도 했다. 내외 각 상주문은 모두 그가 직접 먼저 보고 자기에게 피해를 주는 글은 빼버리고 황제에게 보내지 않았다. 호유용은 자기의 뜻을 따르지 않는 사람은 배척하였고, 자기 뜻을 잘 따르는 고향 회서 사람은 우대하여 조정이 회서 사람들로 채워졌다. 각 방면에 공명에 열중하는 사람, 작위를 잃은 공신과 장군들은 서로 다투어 그에게 몰려들어 비단, 명마, 금은보화를 뇌물로 바치는 일이 매우 많았다. 그의 집 앞이 인산인해로 수레가 끊이지 않았다. 대장군 서달은 그가 사악하다며 싫어하여 황제에게 몰래 알렸다.

호유용은 서달의 문지기 복수(福壽)를 유혹하여 서달을 음모를 꾸며 해치려고 하였지만, 복수가 사실대로 폭로하여 실패하였다. 어사중승도 일찍이 그의 단점을 지적한 적이 있었는데 후에 유기가 병이 나자 주원장이 호유용을 시켜 의원과 함께 병문안하라고 하여 가서 유기를 독살하였다. 유기가 죽은 후 호유용은 거리낌 없이 행동하기 시작했다. 그는 태사 이선장과 결탁하여 형의 딸을 이선장의 조카 이우의 처로 삼게 했다. 호유용은 죄를 지은 대신들을 협박하여 자기 심복으로 삼아 반란에 쓸 군사를 모았고 왜구와 몽골의 원나라 대신과 몰래 내통하고 안팎에서 호응하기로 모의했다.

홍무 12년(1379년), 점성국(占城國), 지금이 베트남 중남부에서 조공을 바쳤는데 주원장에게 보고하지 않고 귀한 공품을 그대로 자기가 착복하였다. 환관이 이를 알고 주원장에게 보고하자 주원장이 크게 화를 냈다. 주원장이 칙령을 내려 중서성 신하를 질책하자 호유용과 왕광양이 사죄했으나 죄과를 예부로 떠넘기자 예부는 다시 중서성으로 죄를 돌렸다. 서로 죄를 떠넘기자 주원장이 화가 나서 신료 전부를 옥에 가두고 추궁했다. 왕광양이 사사되었고, 호유용의 음모가 고발되어 호유용도 사사되었다.

호유용이 죽었지만, 그가 반란을 꾀한 음모의 전부가 모두 밝혀지지 않았다. 홍무 18년(1385년), 이선장의 동생 이존의는 어떤 사람이 고발하였으나 죽음은 면하게 되었고, 홍무 19년(1386년)에 임현(林賢) 사건으로 호유용이 왜구와 내통한 사실이 만천하에 드러났다. 홍무 23년(1390년), 원나라 옛 대신 봉적이 체포되어 호유용과 결탁한 사실이 폭로되었다. 또 길안후(吉安侯) 육중형(陸仲亨)의 가노 봉첩목(封貼木)도 고발하여 그의 주인이 호유용과 결탁한 사실을 자백했다. 파면 팔수록 계속 연루된 자들이 속출하자 머리끝까지 화가 난 주원장은 연좌된 자들을 모두 죽였는데 3만 명에 달했다. 여기에는 공신 가운데 1명의 공(公), 21명의 후(侯)가 포함되었다.

주원장은 호유용 사건을 통해 승상 관직을 폐기하고 중서성을 혁파했으며 주청하는 신하는 중형에 처했다. 승상의 권한이 6부로 분산되고 황제에게 모든 권력이 집중되어 중앙집권이 확립되었다.

호유용과 이선장과 같은 고위직 정치인에서 볼 수 있듯이 자기들과 뜻을 달리하는 사람을 배척하고 같은 조정 내 정치인 중에서 내 편 네 편을 확실하게 구분 짓고 패거리를 만드는 행위야말로 바른 정치를 망치는 길임을 인식하여야 한다. 설령 공신을 인재로 선발하여도 계속 뒤에서 지켜보아야 한다. 여기에는 두 가지 시험이 필요하다. 하나는 고위공직자로서 국민에 충실하게 봉사하도록 격려하는 한편, 개인의 권력을 차곡차곡 쌓아 반역의 기회를 엿보고 있는지 철저하게 점검해야 한다. 주원장이 소홀한 틈을 타서 호유용에게 뒤통수를 맞았다. 두 번째는 국민을 향한 정치를 하는지 아니면 정치를 앞세우고 뒤로는 사적 욕심을 채우기 위해 정치를 이용하는지 주목해야 한다.

태조 주원장은 홍무 13년(1380년)에 재상과 중서성을 폐지하고, 홍무 15년(1382년)에 내각대학사(內閣大學士)를 두어 황제 고문 역할을 담당하게 했는데 정5품이었다. 동시에 같은 해에 금의위를 두었는데 군사 정보 수집 기관으로 주로 시위(侍衛)와 의장(儀仗), 정찰과 체포, 재판과 심문 세 가지 일을 맡았다. 황제가 신임하는 무장이 맡았고 황제가 직접 책임을 져서 다른 행정기관의 간섭을 받지 않았다. 황족을 포함하여 어떠한 사람도 체포하고 비공개 재판과 심문을 할 수 있었다. 호유용과 남옥의 사건 때 이들이 활동하였다. 그러나 점차 그들이 권력을 남용하자 폐지되었다가 성조(成祖) 영락제 때 부활하였고 후에 세종(世宗) 가정제(嘉靖帝) 때 극에 달했다. 이러한 비밀기구는 권력을 남용할 여지가 있어 폐지해야 마땅하다.

천하를 다스리는 자는 반드시 자기만의 인사 파일이 필요하다. 한나라 때 인사 선발은 효렴(孝廉)이었다. 공자가 효성이 지극한 사람은 아랫사람이 윗사람을 범하는 하극상이나 사회를 어지럽히는 반란을 일으키지 않는다고 역설하여 유가를 통치 이데올로기로 삼은 한나라의 황제들은 이를 바탕으로 효성이 지극하거나 검소한 사람을 관리로 천거했다. 지방관이 인재를 등용하지 않으면 직위를 강등하거나 처벌하였다. 당대에는 과거 시험을 통해 관리를 선발하였는데 상인에게는 사회적 차별로 시험 볼 기회조차 주어지지 않았지만, 선비라면 누구나 다 시험을 볼 수 있는 평등한 제도였다. 단 이후에는 공정하지 않아 불법이 자행되기도 했다.

천하를 다스리는 통치자는 한 명뿐이므로 외롭다. 누구를 믿을 것인가? 사방이 온통 사기꾼과 떡고물을 핥아 먹을 자들만 득실거린다. 그의 호주머니에는 아무에게도 공개되지 않은 나만의 인사 기록 파일이 있어야 한다. 자신만의 기준에 따르면서 본인을 포함한 국민이 원하는 사람에 대한 남들의 평가를 포함하여 수많은 검증을 거쳐 올려놓은 이름과 경력, 능력과 인성이 깨알같이 적힌 파일이 절대 필요하다. 인물의 진실은 부인만이 안다고 말한다. 오랫동안 동고동락했으므로 누구보다도 확실히 알고 있다.

통치자는 민심을 늘 파악하고 제때 적재적소에 도덕성을 갖춘 알맞은 인물을 등용하여야 한다. 국민의 눈높이에 맞는 인재가 추천받지 못하는 것은 통치자의 인재 파일이 없거나 측근이 제 편 사람을 무조건 올려놨기 때문이다.

일본뿐만 아니라 세계적으로도 유명했던 영화감독 구로자와 아키라(黑澤明)의 1980년에 제작된 영화 「카게무샤(影武者)」는 "그림자 무사"란 뜻인데 죽은 영주와 얼굴이 똑같이 생긴 사람을 말한다. 실체 없는 소모품에 불과한 실체 없는 그림자의 허무한 몸짓을 잘 보여준다. 16세기 일본. 유명무실한 천황 대신, 전국은 지방 영주가 다스리는 전국시대였다. 전투에서 져서 목숨을 잃을 뻔하여 똥을 싸며 혼이 났던 도쿠가와 이에야스(德川家康)를 물리친 일본 동부의 기히라 지방 통치자 다케다 신겐(武田信玄)은 도쿠가와 이에야스와 오다 노부나가(織田信長)의 연합군과의 일대 격전을 앞두고 신겐은 적의 병사 총에 맞아 죽는다. (실제로는 병으로 죽었다고 함) 신겐은 죽으면서 3년간 자기의 죽음을 알리지 말라는 유언을 남긴다. 신겐의 동생 다케다 노부카도는 신겐과 똑같이 생긴 사형수를 구해 카게무샤로 만든다. 가짜 신겐이 들킨 것은 신겐의 부인 때문이었다. 카게무샤는 신겐의 애마에서 떨어져 부상한다. 신겐은 과거 전쟁에서 어깨에 부상한 흔적이 있었는데 카게무샤는 그 부상 흔적이 보이지 않아 신겐의 부인은 그가 신겐이 아님을 알게 된다. 정치가의 실체는 누구도 알 수 없음을 보여주는 예라고 할 수 있는데 하물며 외로운 통치자는 측근도 결코 믿을 수 없음을 명심하고 인사를 써야 한다. 인사가 만사이기 때문이다. 인사를 완전히 장악하여 1순위, 2순위 3순위까지 확보하여야 한다. 그리고 끊임없이 조용히 나름대로 별도의 그 인물에 대한 시험을 계속하여야 한다. 검증도 안 된 인물을 측근이 동향 사람이라고, 동창이라고, 대학 동기라고 올린 인사를 그대로 올렸다가 검증 단계에서 걸리면 통치자가 망신을 당하고 그로 인해 억울한 국민이 생길 것이다. 민원보다 더한 원망의 원인이 된다.

그렇다면, 과연 인재는 능력으로 뽑아야 하는지 아니면 도덕적 인성으로 뽑아야 하는지 라는 문제가 발생한다.

『자치통감』 권 1, 「주기(周紀)」, 위열왕(威烈王) 23년(기원전 403년), 조양자(趙襄子)가 장맹담(張孟談)에게 말하길, '순망치한'이라고 했다면서 지백(智伯)이 한나라와 위나라 군사를 통솔해서 조나라를 공격하여 조나라가 망하자 한나라와 위나라가 그다음에 망할 것이다. …

이에 대해 사마광이 다음과 같이 말했다.

"지요(智瑤)가 멸망한 까닭은 그의 재능(才能)이 그의 품덕(品德)보다 뛰어났기 때문이다. 이 재능과 품덕은 두 가지로 서로 다른데, 보통 사람은 판별하기가 어렵다. 재능이 있는 사람을 보면 그가 어질고 현명하다고 칭찬하여 항상 사람을 잘못 본다. 재능의 의의는 총명하고 지혜로우며 관찰력이 뛰어나며 박력 있고 굳세며 강인함을 뜻하고, 품덕이란 공정하고 공평하며 한쪽으로 치우치지 않음과 온화한 성품을 말한다.

재능은 품덕의 기초이며, 품덕은 재능의 주재자이다. 대나무는 강인하여 절대 부러지지 않지만, 만약 휘는 성격을 고치지 않고 마디를 잘라 제거하지 않으면 화살로 만들어져도 강인한 갑옷을 뚫을 수 없다. 철은 가장 귀중한 것이지만 만약 녹이지 않거나 제련하지 않으면 강력한 타격의 힘을 만들 수 없다. 재능과 인덕을 겸비한 사람을 성인(聖

人)이라고 한다. 재능과 품덕이 없는 사람을 어리석은 사람, 우인(愚
人)이라고 한다. 품덕이 재능보다 우월한 사람을 군자(君子)라고 하고,
재능이 품덕보다 우월한 사람을 소인(小人)이라고 한다.

　사람을 임용하여 큰일을 맡길 때는 설령 성인을 얻기 어려워도 군
자로 대신할 수는 있지만, 소인을 쓰기보다는 어리석은 사람을 쓰는
것이 낫다. 이유는 무엇인가? 군자는 그의 재능을 선한 행위에 사용하
지만, 소인은 재능을 사악한 짓을 꾸미려는 데 사용하기 때문이다. 재
주를 사회의 유익한 곳에 사용하면 금상첨화다. 재능을 사악한 짓을
꾸미는 데 사용하면 그것은 재앙이다. 어리석은 사람이 나쁜 일을 하
려고 해도 지혜가 부족하고 역량도 부족해서 마치 갓 태어난 강아지와
같아 사람을 물려고 해도 사람이 한 손으로 쥐어 제압할 수 있다. 소
인은 그렇지 않다. 지혜가 있어 사악한 짓을 발휘할 수 있고 능력도
있어 포악한 짓을 일삼을 수 있어 호랑이에게 날개를 달아준 격이니
사람들에게 끼치는 재앙이 엄중하지 않겠는가!

　고상한 품덕은 사람들의 존경을 받고, 재능은 사람들이 사랑한다.
존경심은 쉽게 멀어지지만, 사랑하는 마음은 외려 쉽게 가까이하여 믿
고 심복이 된다. 그래서 권력을 장악한 사람은 재능이 있는 사람에게
속아서 품덕을 갖춘 사람을 잊어버린다. 옛날부터 국가의 반란자나 간
신, 가족을 망친 자와 방탕아는 재능이 많지만, 고상한 품덕의 인성이
부족하여 나라와 집안을 망친 예가 셀 수 없이 많았으니 어찌 지백 한
사람뿐이겠는가? 나라와 집안을 다스리는 자가 만약 재능과 품덕을 잘
살펴 분별할 줄 알고 선택의 전후를 잘한다면, 어찌 인재를 잃는 재앙
이 일어나겠는가!"

　이에 대해 타이완(臺灣)의 반체제 작가 보양(柏揚)이 다음과 같이
말했다.

　"사마광은 품덕을 무기체로 보았기 때문에 재능과 품덕에 대해 정

의를 내렸는데 비슷한 것 같으면서도 다르다. 강한 의지는 원래 재능인데 인성이기도 하며, 공정함은 원래 인성에 속하는데 재능이기도 하다. 더욱이 실제 정치 행위 중에서 한 개인을 판단하는 데 재능이 인성보다 중요한가? 아니면 인성이 재능보다 중요한가? 근본적으로 판단하기가 어렵다. 어느 군주가 자기 부하가 천하제일로 현명한 충신이 아니라고 할까? 만약 그가 사악한 소인인 것을 알았다면 어떻게 중요한 임무를 부여할 수 있을까? 중국 전통의 인재 등용의 행정은 줄곧 이러한 재능과 인성, 군자와 소인의 테두리 안에서 맴돌았다. 제갈량조차 군자를 가까이하고 소인을 멀리하는 것을 강조했다. 그 많은 사람 가운데 누가 군자고 누가 소인일까? 나는 군자, 너는 소인이라는 법칙을 적용하여 서로 죄상을 열거하며 고발했다. 어리석은 사람이 소인보다 더 문제이다. 속담에 '어리석은 관리 혼관(昏官)의 폐해가 사적인 이익을 챙기는 탐관(貪官)보다 더 심각하다'라는 말이 있다. 탐관이 사적으로 챙길 뇌물이 없거나 칼이 목 위에 있는 풍조에서 감히 탐하지 못할 때 그의 재능은 백성들을 이롭게 하는 일을 충분히 할 수 있다. 혼관은 어떤 때라도 일을 수행하지 못한다. 그래서 사마광은 인성을 강조했지만, 결과는 대다수는 평범한 사람의 손에 희생되었다. 사람의 마음은 복잡해서 한 개인의 몸에는 사악함과 고귀함이 동시에 공존하므로 관리가 되기 전에 시험할 수가 없어 인물을 제대로 평가할 수가 없다. 사악함을 방지할 수 있는 것은 민주제도와 법치 정신이다. 선거와 법률로 그의 사악한 행위를 방지할 수 있고 동시에 선거와 법률로 그의 높은 인성을 자극할 수가 있다."

　사마광과 백양이라는 과거와 현재의 두 정치와 관련이 깊은 사람이 논의하는 능력과 인성이란 인물 평가의 두 가지 필수적인 자격 요소는 오늘날 장관과 같은 고위공직 후보자의 청문회에서 자주 등장하는 자질과 도덕성을 말한다. 군자와 소인, 명군과 혼군(昏君), 현인(賢人)과 우인(愚人)은 상반되는 인물상이다. 인물 등용의 공정성과 적합성과 상관없이 이해관계로 선출된 사람이 소인이나 탐관의 탈을 썼다면 그들의 소행이 한 개인의 사욕과 잘못된 정치적 행정적 집행 그 자체로 그치지 않고 사회와 나라에 큰 폐해를 끼치는 암과 같은 존재가 될 수 있다는 것이 문제다.

중국에는 "인간의 마음이란 코끼리를 삼키려는 뱀처럼 만족할 줄 모르고, 세상사는 사마귀가 매미를 잡아먹으려는 것과도 같다"라고 속담이 있다.

첫 번째 문장의 코끼리를 삼키는 뱀은 『어린 왕자』에는 보아뱀으로 나오지만 아마 여기에서 유래하지 않았나 싶은데, 아무튼 인간의 본능적 탐욕을 가리키며 『노자』 제44장에 나오는 지족(知足)의 삶의 지혜와 관련이 있다. 노자는 결코 "모든 인간이여! 욕심을 부리지 말라! 패가망신한다"라고 말하지 않았다. 왜 노자는 이렇게 말했을까? 욕심부리지 말라는 말은 인간의 본성과 어긋나기 때문에 본성에 충실한 인간에게 적용이 안 되는 말이다. 깨우친 사람, 즉 만족할 줄 아는 사람 외에 세상에 욕심을 부리지 않는 사람이 없기 때문이다. 노자는 "몸과 재물 중 어느 것이 더 절실한가?"라고 물으면서 시작한다. 그다음에 "얻는 것과 잃는 것 중 어느 것이 더 근심되는가?"라고 우리에게 묻는다. 모든 인간은 재물을 잃거나 관직을 얻지 못하면 남을 탓하고 남 때문이라며 혹은 노력하지 않고 남과 비교하며 초라한 자신을 바라보고 괴로워하고 고통스러워하며 부정한 방법을 이용하여 복수의 칼을 간다. 인간은 관직을 얻지 못하더라도 남으로부터 굴욕을 당하는 것을 싫어하고 고통스러워하며 무서워한다. 그래서 노자는 "사랑하면 반드시 크게 허비하고, 많이 감추면 반드시 두텁게 잃는다"라고 하였다. 너무 관직과 돈에 집착하게 되면 반드시 몸을 상하게 되고 생명을 위태롭게 할 것이며, 관직과 돈을 몰래 너무 많이 쌓아 올리면 그 흰 탑은 반드시 무너져버려 많이 손실을 볼 것이라는 말이다. 따라서 만족할 줄 알면 굴욕을 당하지 않을 것이라고 말한 것이다.

이어서 노자는 '지족불욕(知足不辱)', 즉 "만족할 줄 알면, 욕을 당하지 않는다"라고 말했다. 명리(名利)에 집착하면 몸을 상하고, 생명이 위태롭게 된다는 것을 경계한 말이다. 명리는 관직과 돈을 말한다. 옛 선비는 정신적으로 굴욕당하는 것을 관직이나 돈보다 더 중요시했다는 말인데 목숨과도 관련이 있기 때문이다. 이 말 뒤에는 "멈출 때를 알면, 위태롭게 되지 않는다"라는 뜻의 '지지불태(知止不殆)'가 나온다. '지지(知止)'는 더 높은 관직 위로 오르지 않고 멈춘 것을 지칭하는 말인데, 특히 공신들에게 경계하는 말로 자주 사용되는 명구인데, 범려와 장량이 바로 토사구팽이 되어 목숨을 잃을 수 있다는 관계(官界)의 진리를 터득하고 더러운 관직 자리에서 내려와 은거하는 공성신퇴를 실천한 증인들이다.

명리를 오늘날로 환산하면, '명'은 관직으로 정부의 고위직을 포함한 공무원이고, '리'는 돈으로 고위공직자처럼 자신만 얻을 수 있는 고급 정보를 이용한 부동산 투기라고 할 수 있다. 부당한 방법으로 번 돈을 흥청망청 쓰며 철면피로 살아가는 철판 얼굴을 한 저질의 빨대 인간들, 죽기 전에 다 쓰지 못하고 죽을 것도 잘 알면서 계속 욕심부리는 인간들이 우리 주변의 회색 거리에 득실거린다. 공직자들의 재산신고 발표를 보면서 "아니, 저들은 어떻게 저렇게 많은 돈을 벌었을까?"라며 의구심이 절로 생기며 한숨만 짓는 충실하게 살아왔던 평범한 사람들의 일상의 삶은 사상누각처럼 무너져내린다. 서울과 지방은 두 나라 한 국가가 되어버렸다. 콘크리트 가격이 서울이나 지방이 크게 다르지 않은데 젊은이들에게는 서울의 부동산이 평생 살 수 없는 '넘사벽'이 되어버린 것은 위정자의 정치 태만과 무능력에도 그 원인이 있지만, 문제의 원인은 인간의 탐욕 때문이다.

두 번째 문장의 속담은 『설원(說苑)』「정간(正諫)」에 나온다.

"매미가 나무에서 슬피 울며 이슬을 마시는데 사마귀가 뒤에 있는 줄을 몰랐다. 사마귀가 몸을 굽혀 매미를 잡아먹으려는데 옆에 참새가 있는 줄은 몰랐다. 참새는 나무 아래에서 탄환이 날아오는 것도 몰랐다.”

자신이 총명하다고 여기고 탐욕에 만족할 줄 모르면 큰 화를 입게 된다는 경구다.

욕심이 많은 사람은 늘 헛된 생각을 한다. 뱀이 코끼리를 삼키려는 것처럼. 세상일이란 것이 결국은 사마귀가 매미를 노리는 것처럼 내가 남을 해치려고 모략을 꾸밀 때, 남도 너를 죽이려고 책략을 세우고 있다. 탐욕스러운 사람은 자신의 사욕을 채우기 위해 수단을 가리지 않고 음모를 꾸민다. 자기 분수에 만족할 줄 모르면 사마귀가 매미를 잡아먹으려는 순간 사마귀 등 뒤에서 사마귀를 쪼아먹으려는 참새가 있는 것이 세상사다. 탐욕은 중독과 같아 브레이크가 없고, 자각하지 못하며, 남에게 오히려 피해를 주는 원인 제공자가 된다.

『예기』「유행(儒行)」에 “유생은 충신(忠信)을 보배로 여긴다”라고 하였다. 금은보화보다는 성실과 믿음을 최고의 가치로 삼았다는 말이다. 관우는 충신을 보배로 여겼다. 재물이 그의 마음을 흔들지 못했고 관직이 그의 뜻을 옮기지 못했다. 『삼국지연의』에서 관우의 형상은 ‘충의(忠義)’의 화신이다. 조조와의 싸움에서 유비와 헤어지게 되고 대신 두 형수를 보호하려고 조조에게 일시적 투항을 한 관우는 금은보화와 미인으로 자신을 회유하여 자기 사람으로 만들고 싶은 조조의 후한 대접을 거절한다. 조조는 군신 사이의 예를 어지럽히고자 관우와 두 형수를 한 방에 함께 있게 했다. 관우는 이에 밖에서 한 손에 촛불을 들고 밤부터 이튿날 아침까지 서 있었다. 이를 ‘병촉달단(秉燭達旦)’이라고 한다. 관우의 전포가 낡은 것을 본 조조가 관우에게 진귀한 비단의 화려한 전포를 주어도 조조가 준 전포 위에 유비가 하사한 낡은 전포를 걸쳤다. 관우의 말이 마른 것을 보고 여포가 타던 적토마를 관우에게 주었는데 이번에는 관우가 두 번 절하며 유비의 행방을 알면 만날 수 있다고 생각하여 감사의 표시를 하자 조조가 서운해했다.

충성(忠誠), 신의(信義), 정직(正直)과 의리가 있으면서 마음에 거리

낌이 없는 인격의 소유자인 관우는 명·청 시대 때 상인이 관우를 재물의 신으로 숭상하였다. 사람들은 관우가 "부귀하여도 음탕하지 않고, 가난하고 미천하여도 마음을 옮겨 지조를 버리면서 아부하지 않았으며, 무예가 뛰어났어도 허리를 굽혀 목숨을 구걸하지 않는" 대장부의 모범을 보여주었다고 여겼다. 비즈니스에서 보듯이 이익을 위해서는 의리를 저버리고 신의를 저버리는 장사꾼과는 대비된다. 상인은 관우를 충성과 신의의 대표로 존경하는데, 관우는 상인이 경영으로 치부하는 보호신이며 재물의 신으로 받든다. 관우는 상업의 공정의 신이 되어 성실과 신의를 신조로 삼는 상인의 교역을 감독하고 상업의 질서를 보호한다고 여겨지는 신으로 모셔졌다.

많은 중국 고전 문헌 속에는 관리가 지켜야 할 행동 준칙에 대한 상세한 기록이 있다. 이러한 청렴결백한 관리들은 지조를 지키며 공직자의 참다운 모습을 보여주었다.

이 책은 과거부터 시대순으로 중국 관리 중에서 청렴결백한 청백리를 정사나 문헌 중에서 골라 청렴함의 실체를 밝힌 내용을 기술하였다. 서술한 중국의 청백리는 중국에서 인구에 회자하며 중국인이 잘 아는 청관(淸官)과 염리(廉吏)로 중국 역사상 유명한 사람들이다.

우리가 잘 알고 있는 청백리로 유명한 포청천이 살았던 시기는 송나라 인종 때로, 당시에 조정의 정치와 고위 관리들의 부패가 극에 달했었다. 그 때문에 상대적으로 그의 명성이 더욱 빛난다. 어두운 그림자가 뒤덮던 시절이라 그의 청렴한 빛이 귀한 존재였다.

청나라 건륭제 때 중국 최고의 탐관 화신(和珅)은 건륭제가 죽고 등 득한 가경제에 의해 뇌물로 수수한 그의 재산을 압수당했다. 백은이 무려 대략 10억 냥, 황금과 골동품, 진귀한 보물을 모두 합치면 청나라 정부 15년의 재정 수입 총액보다 많았다고 한다.

오늘날의 중국에도 부패한 관리나 기업인들이 종종 매체를 통해 보도되고 있는데 동서고금에 부패한 관리가 있고 또 반면에 청렴한 관리도 있기 마련이다. 그러나 고위공직자는 주어진 권한에 상대적으로 큰 책임이 뒤따르므로 업무의 도덕성이 강하게 요구된다.

국회 청문회를 보면서 정말 공직자의 전형은 어떠한 사람들이어야 하는가? 재능이 뛰어난 사람을 선발하여야 하는가? 아니면 검증 불가능한 전문적인 재능보다는 이미 살아온 행실로 검증된 인성을 갖춘 인물이 선발 영순위가 되어야 할까? 능력과 도덕성 둘 중의 어느 쪽의 강점이 있는 인물을 택해야 하나? 이러한 물음에서 이 책을 저술하게 되었고, 중국의 청백리가 국가기관에서 재직하면서 어떠한 자세와 정신으로 공무를 처리했는지 상세히 논하였다.

목
차

머리말   5

01_ 봉급을 받지 않은 **증자**   31

02_ 보물을 탐내지 않은 **자한**   36

03_ 생선을 받지 않은 **공의휴**   40

04_ 호화 저택을 짓지 않은 **소하**   44

05_ 베 이불만 덮고 잔 승상 **공손홍**   47

06_ 생선을 매달아 놓은 태수 **양속**   52

07_ 동전 한 닢 태수 **유총**   56

08_ 사지(四知)라며 대가를 거절한 **양진**   59

09_ 지조가 굳고 결백하며 사욕이 없는 **제오륜**   68

10_ 비옥한 땅의 이익을 탐내지 않은 **공분**   73

11_ 법을 엄하게 집행하여 군주의 하인을 죽인 **제준**   75

12_ 죽을 때까지 충성을 다 바친 **제갈량**   79

13_ 황금을 받지 않은 **전예**   83

14_ 배에 돌을 싣고 귀향한 **육적**   88

15_ 뒤늦게 개과천선한 청렴한 충신 **주처**   93

16_ 청렴한 **호씨 부자**   97

17_ 정치적 치적이 뛰어나고 지조를 지킨 **서막**   102

18_ 빈손으로 사직한 장량의 후손 **장범**   106

19_ 뇌물을 거절한 **왕공**   109

20_ 값비싼 비단을 처마에 매달아 놓은 **산도**   118

21_ 유산으로 돈 대신 청렴결백을 자손들에게 남긴 **서면**　　　124

22_ 샘물을 마셔 지조를 밝힌 **오은지**　　　131

23- 빈손으로 귀향한 **임방**　　　136

24_ 관리가 되기 전에 먼저 마음을 다스린 **소작**　　　140

25_ 지나치게 청렴하고 조심한 **육지**　　　147

26_ 청렴하고 엄숙했던 백지 장군 **두섬**　　　153

27_ 부정한 수단으로 부자가 될 거부한 **요숭**　　　156

28_ 자기 봉급으로 가난한 백성을 구제한 **노균**　　　163

29_ 신발이 벗겨지고 등자가 끊어져 못 떠난 **최융**　　　169

30_ 가난해도 뒷거래를 거절한 **두보**　　　172

31_ 상사의 배를 끌고 부당한 세금을 받지 않은 현령 **하역우**　　　174

32_ '애민삼자경'으로 칭송받은 **서구사**　　　182

33_ 소금에 절인 채소 반찬만 먹고 거친 베옷만 입었던 **우성룡**　　　188

34_ 뇌물 수수한 총독을 고발한 장백행을 뒤에서 엄호한 황제 **강희제**　　　194

35_ 뇌물을 안 바쳐 추천 안 된 관리를 직접 천거한 황제　　　198

후기　　　201

참고문헌　　　217

01

봉급을 받지 않은 증자

증자(曾子)가 다 헤진 옷을 입고 밭을 갈고 있었다. 그는 당시에 이미 큰 명성을 얻고 있었다. 노나라 임금이 이 명인이 다 떨어진 옷을 입고 밭을 갈면 노나라가 체면을 잃을까 걱정되어 사람을 보냈다.

임금이 보낸 사자가 증자에게 말했다.

"임금님께서 그대에게 봉읍으로 땅을 주신다고 하니 그것으로 옷과 양식을 해결하도록 하시오."

그러면서 옷 몇 벌과 양식을 주었으나 증자는 받지 않았다.

사신이 여러 차례 갔으나 매번 증자는 거절했다.

사자가 증자에게 말했다.

"선생께서 남에게 요구하지도 않았는데 남이 이렇게 주려 합니다. 그런데 왜 받지 않으십니까?"

증자가 대답했다.

"남에게 무엇인가를 받은 사람은 그것을 준 사람을 두려워하게 되고, 남에게 무엇인가를 준 사람은 그것을 받은 사람에게 거만해질

수밖에 없다고 하오. 비록 남이 나에게 무엇을 주면서 전혀 거만하지 않는다 해도, 내가 어찌 그 사람을 두려워하지 않을 수 있겠소?"

증자는 끝내 받지 않았다.

공자가 이 말을 듣고서 말했다.

"증삼의 말대로만 하면 자신의 지조를 충분히 지킬 수 있다."

증자가 말했다.

"선비는 도량이 넓고 뜻이 굳세지 않으면 안 된다. 책임이 무겁고 길이 멀기 때문이다."

주희가 이 문장에 주를 달아 설명했다.

"도량이 넓다는 것은 너그럽고 아량이 넓다는 뜻이다. 뜻이 굳세다는 것은 강하고 참는 것이다. 넓은 도량이 아니면 중임을 감당하지 못하고, 굳센 의지가 아니면 먼 곳에 이를 수 없다."

고위공직자는 두 가지 덕목을 갖추어야 한다. 하나는 고위직 공무원은 나라의 중임을 맡고 있으므로 도량이 넓어야 하고, 다른 하나는 먼 곳까지 이르러야 하므로 의지가 굳세어야 한다는 뜻이다. 그렇다면 도량이 넓어야 하고 먼 곳에 이른다는 말은 무슨 뜻일까? 이어지는 「태백」의 다음 문장에 답이 있다.

"군자는 어진 마음으로 자기의 책임으로 삼으니 막중하지 않은가? 죽은 뒤에야 끝나는 것이니 멀지 않은가?"

공무를 행하는 사람의 어진 마음이란 일부가 아닌 전체 국민을 상대하므로 약하고 힘없는 사람의 고충과 어려움을 먼저 생각하여 그들부터 배려하는 차원에서 현장에 직접 가서 확인하고 봉사 정신으로 무장하여 진정으로 마음을 다하는 성의를 말한다. 또 공무 집행자는 국가가 정한 원칙을 누구에게나 공평하게 적용하고 퇴임한 후에도 죽을 때까지 자신의 업무에 책임을 짊어져야 하므로 갈 길이 멀다고 했다. 그러므로 갖은 유혹에 흔들리지 않는 강한 의지가 필요하다.

다시 말하면, 어진 마음은 덕행으로 나타나므로 반드시 몸소 실행하여 힘써 행하는 것으로 그 임무가 막중하다는 것이다. 인을 행하는 군자의 자격을 갖춘 정치가와 공직자의 마음은 바로 국민을 사랑하는 마음이고 사랑은 봉사와 일치되는 마음이자 행동이다. 이것이 정치가와 공직자가 마땅히 힘써야 할 책무다. 어질어야 할 공직자의 마음은 국민에게 봉사하는 마음에서 비롯된다. 그래서 봉사하는 공직자는 백성에게 너그럽게 대해야 한다. 그런데 너그럽기만 하고 굳세지 못하면 법도가 없어서 바로 서기 어렵고, 굳세기만 하고 너그럽지 못하면 마음이 좁고 비루해서 어질지 못하다. 공직자의 의지는 굳세어야 하는데 죽은 뒤에야 끝난다는 것은 그 의지가 중간에 조금이라도 해이해지는 것을 용납하지 않아 죽을 때까지 굳센 의지를 견지해야 한다는 뜻이다.

손가락을 깨물어 느끼게 하다

증삼이 노모를 모시고 살았는데 효성이 지극했다. 증삼이 땔나무를 캐러 산으로 들어갔는데 집에 손님이 찾아와 노친은 아들도 없고 변변한 음식도 없자, 아들이 자기와 혈맥이 통하리라고 생각한 노모가 손가락을 깨물었더니 증삼도 갑자기 가슴에 통증을 느껴 급히 집으로 돌아와 무릎을 꿇고 손가락을 문 연유를 물었다.

모친이 말했다.

"손님이 찾아와서 손가락을 물면 네가 느끼리라고 생각했다."

이것을 '교지통심(嚙指痛心)'이라고 한다.

나는 매일 세 번 반성한다

증자의 유명한 말 중의 하나인 '오일삼성(吾日三省)'이란 성어다.
증자가 말했다.

"나는 날마다 세 가지로 내 몸을 살핀다. 남을 위하여 일을 도모
해주는 데 마음을 다하지 않았나? 친구와 더불어 사귀는데 성실하지
않았나? 배운 것을 실천에 옮기지 않았나?"

세 가지 반성 가운데 첫 번째 반성인 "마음을 다한다"라는 뜻의
'충(忠)'은 오늘날의 "나라에 충성하다"의 뜻이 아니고, "마음을 다
바친다"라는 뜻이다. "남을 위하여 일을 도모한다"라는 말에서의 남
이란 국민을 말한다. 정치가와 공직자에게 적용하면 먼저 국민을 생
각하고 진정으로 마음을 다 바쳐 국민을 위하여 봉사하는데 성실한
자세로 행동했는지 매일 일과 후 자신을 돌아보며 반성한다는 뜻이
다. 또 '충'의 한자를 분석해보면 중(中)과 심(心)이 합쳐진 글자이다.
마음의 중심을 잡는다는 뜻으로 어느 한쪽으로 편중되어 기울지 않
고 공정하고 공평하게 행동한다는 뜻이다. 자신의 이익을 위해 권력
과 돈이 있는 자들을 위하기보다는 병들거나 몸이 불편하고 사회에
서 버림받거나 뿌리 뽑힌 사람들을 먼저 생각한 예수의 낮은 자세로
임하여 그들을 사랑으로 보듬었던 것처럼, 노자가 말한 '상선약수(上
善若水)'처럼, 물이 가장 낮고 구석진 곳까지 채워진 다음 차츰 수위
가 높아지듯이, 사적인 욕심이 없는 공평한 마음으로 봉사해야 하고
모든 사람을 포함한 만물에 이익이 되게 하여야 한다.

봉급은 봉읍(封邑)에서 나오는데 증자는 봉급의 원천을 받지 않았

다. 그러나 봉급을 받은 사람이 봉급을 준 사람을 두려워한다는 말은 봉급을 받은 사람은 봉급을 준 사람에게 고마움을 표시하기 위해 뇌물을 주거나 그의 말에 복종하게 된다는 뜻이다. 세상에 공짜가 없으니 반대급부가 성립한다. 고마움은 돈이 되고 복종이 뒤따른다. 만약 봉급을 준 사람에게 금전으로 고마움을 표시하지 않거나 봉읍을 준 사람의 말을 거절하면 배은망덕이 된다. 사람에게 복종하지 않고 충실해야 할 직무에 복종해야 한다. 그래서 봉읍을 받지 않은 증자는 이러한 구속으로부터 자유를 얻었다.

02

보물을 탐내지 않은 **자한**

송나라의 어떤 사람이 옥을 얻어 그것을 자한(子罕)에게 바쳤다. 공자(公子) 자한은 받지 않았다.

옥을 바친 사람이 자한에게 말했다.

"이 옥을 옥 다루는 장인에게 보여주었더니 그 사람이 보배가 된 다고 말해서 제가 감히 공자께 드리는 것입니다."

공자 자한이 말했다.

"나는 재물을 탐내지 않는 것을 보배로 삼고, 그대는 옥을 보배로 삼는다. 만약에 그것을 내게 준다면 나와 그대는 둘 다 보배를 잃게 되니, 우리 두 사람은 자기의 보배를 가지고 있는 것이 낫다."

옥을 바친 사람이 머리를 조아리며 말했다.

"제가 이 옥을 지니면 어느 마을도 지나갈 수 없습니다. 제가 이 것을 거두어 넣는 것은 죽음을 청하는 것과 같습니다."

공자 자한은 그를 자신의 봉읍에 있게 하고, 그 옥을 옥 다루는 장인에게 보내 잘 다듬게 하고는 그것으로 다른 많은 재물과 바꾸어서 옥을 바친 사람의 고향으로 돌려보냈다.

자한은 공자의 제자인데 본명이 악희(樂喜)로 자한은 그의 자다. 당시 송나라 악씨(樂氏) 가족의 중요한 인물이었다. 그는 기원전 6세기 송평공(宋平公) 때 사성(司城)이란 관직으로 있었다. 그에 앞서 송무공(宋武公)의 이름이 사공(司空)이었으므로 피하여 사공(司空)의 관직을 사성으로 바꾼 것이다. 사성이란 주로 건축공정을 관장하던 관직이었으므로 그를 '사성자한(司城子罕)'이라 칭했다.

후세 사람들이 자한의 청렴과 공정, 결백의 예로 드는 성어가 바로 "보배로운 옥을 거절하다"라는 '거수미옥(拒收美玉)'과 "이재민을 구제하다"라는 '진재(賑災)'이다.

첫째 '거수미옥'의 고사에서 자한이 뇌물을 받지 않았다는 청렴한 관리의 전형적인 모습이 드러났다. 자한이 탐내지 않는 마음을 보배로 여기는 것은 중국 전통문화 중의 염정(廉政) 사상의 하나이다. 『주례(周禮)』 제1권 「천관총재(天官冢宰)」에 "관부(官府)의 여섯 가지 계책으로 나라를 태평하게 다스리고 모든 관리의 치적을 판단한다. 첫째는 청렴하고 선한 염선(廉善), 청렴하고 능력이 있는 염능(廉能), 청렴하고 공경하는 염경(廉敬), 청렴하고 바른 염정(廉正), 청렴하고 법을 지키는 염법(廉法), 청렴하고 단정한 염변(廉辨)이다"라고 하였다.

염정이란 청렴한 바른 정치를 뜻하는데 뇌물수수를 엄금하는 정치를 말한다. 그러한 염정의 대표적인 사례는 노환공(魯桓公) 2년의 기록이다. 고(郜)나라가 큰 정(鼎)을 만들어 송나라에 바쳤다. 그런데 송나라가 뇌물로 이 정을 노나라에 바쳤다. 큰 정(鼎)을 송나라로부터 뇌물로 받아 대묘(大廟)에 바치자, 신하가 군주에게 충간했다. "뇌물로 받은 기물을 대묘에 들여놓으신다면 백관들에게 그릇된 일을 명백히 보이시는 것이니, 앞으로 백관들이 이 일을 본받는다면, 어떻게 백관들을 책망할 것입니까? 국가가 패망하는 것은 관리들의 부정한 사악함 때문이고, 관리들이 덕을 잃는 것은 군주의 은총을 구하려고 뇌물을 바치는 일이 공공연하게 행해졌기 때문입니다."

국가의 패망은 관리의 부정부패, 그리고 그들의 군주에 대한 아부와 밀접한 관계가 있다는 말이다. 노환공은 노나라 15번째 군주로 제양공(齊襄公)의 이복 여동생 문강(文姜)을 부인으로 맞이하였다. 그가 제양공의 초청으로 제나라에 갔을 때 자기 부인이 제양공과 통간(通奸)한 사실을 알고 부인에게 화를 내며 나무라자 부인이 제양공에게 이 사실을 알렸다. 화가 난 제양공이 제환공을 연회에 초청하고 힘이 장사인 팽생(彭生)을 시켜 술에 취한 제환공을 수레에 부축하는 척하며 제환공의 갈비뼈를 부러뜨려 결국은 죽게 하였다.

두 번째 '진재'인데, 이재민 구제 정책으로 노양공 29년(기원전 544년)의 기록이 그 대표적 사례다. 송나라에 기근이 발생하여 사성 자한은 송나라 군주 평공(平公)에게 요청하여 국가 소유의 양식 조를 민중들에게 빌려주고, 대부들에게도 쌓아둔 양식을 농민들에게 빌려주게 하여 농민들을 구제하도록 촉구하였다. 그는 대부들이 농민들의 차용증서를 받은 다음 양식을 주도록 하였지만, 자신은 차용증서를 요구하지 않았고, 또 대부 중에 양식이 없는 자에게도 양식을 꾸어주니, 송나라에는 굶는 사람이 없었다.

진(晉)나라 숙향(叔向)이 말했다.

"자한은 나라의 정권을 차지할 것이다. 그것은 백성들이 따르기 때문이다. 은혜를 베풀고서도 은덕으로 여기지 않았으니, 자한의 악씨(樂氏)들은 송나라의 흥망성쇠를 같이하여 영원토록 존속할 것이오."

"은혜를 베풀고서도 은덕으로 여기지 않았다"라는 말은 "남에게 양식을 주어 덕을 베풀었어도 그것을 은덕으로 생각하지 않았다"라는 뜻인데, 자한이 자기에게 양식을 빌렸다는 차용증서를 농민에게서 받지 않았음을 일컫는 것으로, 관리로서의 당연한 행위로 여기는 겸손한 태도이다. 은혜를 베푸는 덕행이 백성의 인심을 얻을 수 있는 근본이며 이러한 민심의 향방이 바로 천하를 차지할 수 있는 원동력이라는 천고의 통치 진리를 나타냈다.

'자강불식(自强不息), 후덕재물(厚德載物)'이란 말이 있다. 인간은 "쉬지 않고 힘써 일하며 스스로 굳세져야 하며, 덕을 두텁게 쌓아 만물을 포용한다는 뜻으로 『주역』에 나오는 말이다. 특히 후자의 경구는 넉넉한 마음으로 세상의 모든 것을 안아 품을 수 있어야 한다는 의미를 담고 있어 관리의 덕행을 강조한 말이다. 사람들이 보배로 여기는 재물, 명예, 직위, 수명 모두 영원하지 않아 한계가 있다. 이것을 지탱해주는 덕행을 쌓아야 이러한 보배를 지탱할 수 있고 계속 복을 누릴 수 있다. 만약 자신의 능력보다는 하늘의 은혜에 감사하고 분수에 만족하지 못한다면 보물은 탐욕이 되고, 사랑은 폐해가 된다.

03

생선을 받지 않은 공의휴

　공의휴(公儀休)는 공손의(公孫儀)라고도 하는데 춘추시대 노나라의 박사로 뛰어난 재주와 학문을 인정받아 재상에 임명되었다. 법을 바로 지키고 이치에 잘 따르며 함부로 고치는 일이 없었기 때문에 모든 관청의 일이 절로 바르게 처리되었다.

　그는 특히 나라의 녹봉을 받는 사람이 보통백성들과 이익을 다투는 일이 없게 하였고, 많은 녹봉을 받는 고위직이 아무리 적거나 작은 뇌물이라도 받는 일이 없게 잘 단속했다.

　어떤 사람이 그에게 생선을 보냈으나 그는 받지 않았다. 그러자 다른 사람이 그에게 말했다.

　"공께서 생선을 좋아하신다는 말을 듣고 보내온 것인데 왜 받지 않으십니까?"

　재상 공의휴가 말했다.

　"내가 생선을 좋아하기 때문에 받지 않는 것이오. 지금 나는 재상으로 있으니 내 돈으로 생선을 살 수는 있소. 그런데 생선을 받고 벼슬에서 쫓겨나게 되면 누가 내게 생선을 보내주겠소. 그래서 받지 않는 것이오."

공의휴는 자기 집 채소밭의 채소를 먹어보고는 맛이 매우 좋았다. 그러자 그 채소밭의 푸성귀를 뽑아버렸다. 또 자기 집에서 짜는 베가 좋은 것을 보고는 베 짜는 여자를 돌려보내게 하고 그 베틀을 불태워버렸다.

"옷을 사서 입어야 할 사람이 옷을 사주지 않으면 농사짓는 사람이나 베 짜는 여자는 그들이 만든 것을 마음 놓고 팔 수가 없게 되지 않겠는가?"

남이 주는 생선 한 마리라도 받으면 법을 위반하는 것이고 법을 어겼으니 재상직에서 물러나야 한다. 재상직에 있을 때 생선이 먹고 싶으면 재상의 녹봉으로 사서 먹으면 된다. 남이 주는 뇌물 생선을 받아먹고 법을 어겨 재상직에서 물러나게 되면, 비록 내가 생선을 좋아해도 생선을 바치는 사람은 이제 재상이 아닌 내게 생선을 더는 바치지 않을 것이고, 나도 이제는 재상이 아니어서 돈이 없으므로 생선을 살 수도 없어 내가 좋아하는 생선을 맛볼 수가 없게 된다. 만약 다른 사람이 주는 생선을 받지 않는다면, 나는 재상직에서 물러나지 않아도 되고, 내 돈으로 오랫동안 좋아하는 생선을 사서 먹을 수 있게 된다.

다시 간단히 말하면, 고위직 장관을 포함하여 정부 기관, 시청, 동사무소의 공무원들이여! 뇌물을 받으면 너는 관직을 잃는다. 관직을 잃은 후에 남이 다시는 너에게 뇌물을 주지 않는다. 너는 관직이 없으니 봉록을 잃어서 생선을 먹을 수 없게 된다. 그러므로 내가 좋아하는 생선을 계속 먹으려면 뇌물을 받지 않아야 관직에서 쫓겨나지 않고 계속 그 자리에 있게 된다. 그리고 너는 네 녹봉으로 생선을 사서 오랫동안 먹을 수 있게 된다. 그렇게 되면 너는 계속 네가 좋아하는 생선을 먹으면서 세상 사람들이 너는 청렴한 관리라고 칭송하는 명성을 들을 수 있으니 일거양득이다. 그래서 뇌물을 받지 말아야한다.

공의휴는 재덕(才德)을 겸비한 지금의 국무총리에 해당하는 고위직 인사였다. 생선이 무슨 뇌물이냐고 하겠지만 재상에게 바치는 생선은 재래시장의 생선이 아니다. 생선 뱃속에 금두꺼비가 들어 있을 수 있다. 중국의 국가 주석 시진핑이 취임하고 부정부패를 척결하기 이전에 최근까지도, 중국의 사업가는 고위공무원들에게 뇌물로 마오타이 술이나 월병에 금으로 만든 두꺼비를 넣어 명절에 선물로 바쳤던 것처럼.

인간은 태어나면서 이기주의자이다. 보통 사람은 성인이 아닌데 누가 사욕이 없겠는가? 사욕을 군자의 사욕과 소인의 사욕으로 나눈다면, 군자의 사욕은 공적인 일이 먼저고 사욕을 나중으로 돌리며 욕심을 자제하지만, 소인의 사욕은 개인의 욕심을 먼저 채워서 공적인 일에 피해를 주거나 망쳐서 공공의 적이 된다.

사마천도 공의휴가 자기 집에서 짠 베가 좋은 것을 보고 베 짜는 여자를 돌려보낸 처신을 강조하였는데 바로 이러한 점에서 그를 정통 역사 속에서 칭송했다. 이렇게 과거 관리 중 군자(君子)다운 행동을 몸소 실천한 훌륭한 인물은 오해받을 행동을 삼가고, 자기의 신분으로 덕을 보아 자기들만 호의호식하는 일이 없도록 철저하게 자기 친족이나 친척의 행동에도 단속을 잘 하였던 고결한 인품은 시공을 초월하여 오늘날 고위공직자의 모범이 될 만하다.

법을 지키고 이치를 따르는 관리를 '순리(循吏)'라고 한다. 순리는 공적을 자랑하거나 재능을 뽐내지 않는다. 겉으로 드러내지 않고 묵묵히 공직자의 정도를 걸으니 그를 칭찬하는 국민도 없지만, 그의 행동에 그릇된 것도 없다. 선물이 뇌물인지 분간할 수 없는 것은 그것 자체의 값어치에 구분의 척도가 되는 것이 아니라는 말이다. 보통 생선이든 금덩이를 뱃속에 숨긴 생선이든 뇌물은 뇌물이다.

사마천은 「순리열전」에서 다음과 같이 말했다.

"법이란 백성을 바른길로 이끄는 규정이고, 형벌은 간악한 짓을 금지하는 것이다. 법령과 형벌이 잘 갖춰지지 않으면 악인이 많아져서 착한 백성은 그들을 두려워하게 된다. 수양이 높아 덕을 갖춘 사람이 맡은 관청은 조금도 문란한 일이 없으며 순리에 따라 직무를 수행하는 관리들 역시 좋은 결과를 가져오게 된다. 백성을 다스리는 방법은 반드시 엄한 법과 위엄만이 필요한 것은 아니다."

그래서 관리의 첫째가는 덕목이자 조건은 재주가 아니라 공직자 본연의 인품으로 고위공직자의 경우는 더 높은 고상하며 독야청청한 인품을 갖추어야 하므로 바로 능력이 아니라 도덕성이다.

04

호화 저택을 짓지 않은 **소하**

한나라 12년 가을에 경포가 모반하자 고조 유방은 친히 그를 공격하였다. 한편으로는 사신을 보내 상국 소하(蕭何)가 무엇을 하고 있는지 살피게 했다.

어떤 사람이 소하를 설득하며 말했다.

"황제께서 여러 차례 당신이 무엇을 하는지 물어본 까닭은 관중을 흔들까 두렵기 때문입니다. 지금 당신이 왜 땅을 많이 사서 싸게 임대하여 스스로 당신의 명성을 더럽히지 않습니까? 그렇게 해야 황제께서 마음이 편안해지실 것입니다."

이에 소하는 그의 계책대로 하였고 과연 고조는 기뻐했다.

백성들이 상소문을 올려 상국이 억지로 백성들의 밭과 집 수천만 전어치를 싸게 샀다고 말했다.

고조가 웃으면서 상국에게 말했다.

"상국은 이렇게 백성을 이롭게 하셨소?"

백성들이 올린 상소문을 상국에게 주면서 말했다.

"백성들에게 사과하시오!"

소하는 백성을 위한다고 하며 아뢰었다.

"황상께서 사냥하시는 상림원에 빈 땅이 많으니 백성들이 그곳에서 농사짓도록 하시지요."

고조가 화를 내며 말했다.

"상국이 상인들의 재물을 많이 받아서 그들을 위하여 내 상림원을 요구합니까?"

감옥을 관장하는 정위(廷尉)에게 상국을 옥에 가두라고 했다.

궁궐 수비를 책임진 구경 중의 하나인 위위(衛尉)가 말했다.

"백성의 편의를 봐주기 위해서 요청한 것은 재상의 할 일인데 어찌하여 상국이 상인의 돈을 받았다고 의심하십니까? 만약 상국이 관중을 지키면서 흔들었다면 함곡관 서쪽은 폐하의 소유가 아닐 것입니다. 상국이 그때도 이익을 취하지 않았는데 지금 상인의 돈으로 이익을 도모했겠습니까?"

소하를 풀어주었다.

고조가 소하에게 말했다.

"상국은 어진 재상이요, 내가 상국을 가둔 것은 백성들이 나의 잘못을 듣도록 하기 위해서였소."

소하는 밭과 집을 살 때 반드시 외진 곳에서 구했으며, 집을 지을 때도 담장을 치지 않았다.

그가 말했다.

"후세 자손이 현명하다면 나의 검소함을 본받을 것이고, 현명하지 못하더라도 권세가에게 빼앗기지는 않을 것이다."

소하는 진나라 말 유방이 항우와 싸워 이겨 천하를 얻는 데 일등 공신 중의 하나였다. 그는 관중을 잘 지키면서 후방을 책임졌으며 전선에 군대를 수송하고 양식을 보내는 막중한 일을 맡았다. 유방이 한나라를 건립한 후에 그는 재상에 해당하는 상국(相國)에 임명되어 '소상국(蕭相國)'으로 불렸다. 진나라의 육법(六法)을 고쳐서『구장율(九章律)』을 제정하여 실행에 옮겼으며, '무위이치(無爲而治)'와 황로(黃老)의 학설을 채용하여 백성들을 쉽게 하는 정책을 펼쳤다. 한나라 고조 유방이 죽은 후에 그의 아들 혜제를 보좌했다.

사마천이 그를 다음과 같이 평가했다.

"소하는 진나라 때 관청의 문서 작성 일을 하는 하급 관리에 불과하고, 평범하여 특별한 공적은 없었다. 유방을 만나고 나서 그를 보필하였으며 천하를 얻은 후에 관중을 굳게 지켰으며 백성들이 진나라의 법을 증오한다는 것을 알고 시대의 흐름에 따라 다시 새롭게 만들었다. 그의 공훈은 찬란했으며 지위는 군신 중에 으뜸이었고 그의 명성은 후세에까지 이어졌다."

군주가 정벌을 나간 틈을 타서 도성을 장악할 수도 있었지만 소하는 제 분수를 알고 백성들을 안정시키고 온 힘을 다하여 후방에서 맡은 바 직무에 충실하였으며 자신의 재산 전부를 군비에 보탰다. 한나라 고조 유방의 공신 가운데 유일하게 일찌감치 관직을 사양하여 은거한 장량을 제외하고는 모반의 배반으로 주살되지 않았다.

05

베 이불만 덮고 잔 승상 **공손홍**

한무제가 즉위하여 전국의 지방관에게 어질고 재능 있는 선비를 추천하게 했을 때, 공손홍(公孫弘)도 천거되어 박사가 되었는데 이때 그의 나이가 예순이었다. 흉노에 사신으로 갔다 와서 보고를 올렸는데 천자의 마음을 거슬렀으므로 무능하다고 취급당해 병을 핑계로 사직하고 낙향했다.

다시 황제가 조서를 내려 어질고 재주 있는 선비를 천거하라고 했는데 또 공손홍이 추천되었다. 태상(太常)에 임명되어 백여 명과 함께 천자의 물음에 대한 답안을 적어내도록 했는데 공손홍의 성적은 하위에 속했다. 그런데 황제는 공손홍의 답안을 뽑아 일등으로 매겨 그를 불러들였다. 황제는 그의 풍모가 단아하여 그를 박사에 임명했다.

서남이(西南夷)로 통하는 길을 열어 군을 설치하느라 파촉(巴蜀)의 백성들이 부역에 시달리고 있었다. 그래서 천자는 조서를 내려 공손홍에게 실정을 살펴보고 오게 했다. 공손홍은 돌아와서 서남이는 쓸모없는 땅이므로 그들을 헐뜯었다. 그러나 황제는 그의 말을 받아들이지 않았다.

공손홍은 언제나 군주의 병은 마음이 넓고 크지 못한 것에 있고, 신하의 병은 검소하고 절약할 줄 모르는 것에 있다고 말했다. 그래서 그는 고기 한 접시 정도로 줄였고, 항상 베로 만든 이불을 덮고 잤다.

조정에서는 상대방의 잘못을 정면으로 지적하여 공식 석상에서 논쟁을 벌이려고 하지 않았다. 천자는 공손홍의 언행이 중후하고 여유로웠으며 법률과 업무에 정통하였을 뿐만 아니라 유학의 이념이 세련되어 각별하게 그를 총애했다. 공손홍은 2년도 되지 않아 수도의 치안을 관장하는 좌내사(左內史)로 승진하였다.

천자는 좌우의 충신들이 공손홍을 헐뜯어도 오히려 공손홍을 후대하였다.

제후국의 각 왕과 그 자손에게 작위를 수여하는 일을 맡은 구경(九卿)의 하나인 주작도위(主爵都尉) 급암(汲黯)이 공손홍을 탄핵했다.

"공손홍은 삼공의 지위에 있으면서 봉록이 많은데도 베 이불을 덮고 잡니다. 이것은 교활한 수작입니다."

천자가 공손홍에게 묻자 그가 대답했다.

"급암의 비난은 당연합니다. 조정의 구경 가운데 급암처럼 신과 절친한 사람은 없습니다. 그런데 그는 저를 조정에서 힐난했습니다. 그것은 신의 결점을 지적한 것입니다. 신이 삼공의 지위에 있으면서 베 이불을 덮고 자는 것은 참으로 마음에도 없는 일을 하여 명성을 얻으려고 한 것입니다. 이것은 관중에게서 배운 것입니다. 그는 제나라의 재상이 되어 삼귀(三歸)의 저택을 소유하고 있었으며 임금과 비교될 정도로 사치하면서 제환공이 천하의 패주가 되도록 보좌했다고 합니다. 그러나 안영은 경공(景公) 때 재상이 되어서도 상에 두

가지 고기를 올리지 않게 했고 그의 처첩에게는 비단옷을 입지 못하도록 하였으나 역시 제나라는 잘 다스려졌습니다. 이것은 아래로 백성들의 생활을 따른 것입니다. 지금 신은 어사대부의 지위에 있으면서 베 이불만 덮고 잡니다. 이렇게 되면 구경에서부터 말단 하급관리에 이르기까지 차별이 없게 됩니다. 급암의 말 그대로입니다. 급암의 충성이 아니었다면 이와 같은 곧은 말을 들을 수 없었을 것입니다."

한무제는 공손홍이 겸허하다고 높이 평가하고 후대하여 마침내 그를 승상에 임명하고 평진후(平津侯)에 봉했다.

'삼귀(三歸)'는 대(臺)의 이름인데, 『논어』「팔일(八佾)」에 나온다. 공자가 말하길, "관중의 그릇이 작구나!"라고 했다. 어떤 사람이 말하길, "관중은 검소했습니까?"라고 물었다. 공자가 대답하길, "관중은 삼귀를 두었으며 가신의 일을 겸직시키지 않았으니 어찌 검소하다고 할 수 있겠는가"라고 하였다.

관중이 군주는 아니지만 경대부에 속하여 조정의 고위공직자이다. 경대부의 가신은 관직을 다 갖출 수 없어 한 사람이 몇 가지 일을 겸하는데 관중은 그렇게 하지 않고 여러 관직을 여러 사람에게 나누어 주어 사치하였다.

공손홍은 성격이 의심이 많고 남을 시기하여 겉으로는 너그러운 척하였으나 속마음은 각박했다. 자기와 대립했던 자에게는 비록 겉으로는 친밀한 척했지만 숨어서는 반드시 그들에게 복수했다. 주보언(主父偃)을 죽이고, 동중서(董仲舒)를 귀양보낸 것도 공손홍이었다.

그러나 밥상에 고기를 한 가지밖에 올리지 않았고 현미로 밥을 지어 먹고도, 옛 친구나 친한 사람이 생활비가 없어 찾아오면 그가 받은 봉록을 있는 대로 다 털어주어 집에는 남은 재산이 별로 없었다. 이런 점에서 선비들은 그의 어진 마음을 인정했다. 공손홍은 검소한 생활로 '공손포피(公孫布被)' '포피승상(布被丞相)'이라는 아름다운 명성을 얻었다.

조정에서 신하들과 상충하는 일이 많았던 공손홍을 한무제는 끝까지 신임하였다. 원삭(元朔) 6년(기원전 123년), 회남왕과 형산왕의 반란이 일어나고 대대적으로 그들의 일당에 대한 조사가 행해지고 있던 때 공손홍은 중병을 앓고 있어 제대로 정사를 처리하지 못하게 되었다. 공손홍은 스스로 생각하길 자신이 이룬 공적도 없는데 승상의 자리에까지 올라 군주를 보필하여야 할 책무가 있는데도 제후들이 반란을 일으켰으니 승상인 자신에게 책임을 다하지 못한 잘못이 있다고 여겼다. 그래서 군주에게 글을 올렸다.

"덕(德)을 행하는 데 힘쓰는 것을 인(仁)이라 하고, 묻기를 좋아하는 것은 지(智)이며, 부끄러움을 아는 것은 용(勇)이라고 합니다. 이 세 가지를 알면 자신을 다스릴 줄 알게 되고, 자신을 스스로 다스릴 줄 알면 다른 사람을 다스릴 줄 안다고 합니다. 천하에는 자기 스스로 다스리지 못하면서 남을 다스릴 수 있는 사람은 아직 없습니다. 이것은 세상의 어떤 것과도 바꿀 수가 없는 도리입니다. 지금 폐하께서는 어진 사람을 격려하고 유능한 사람에게 벼슬을 주십니다. 신은 몹쓸 짐만 되는 우둔한 몸일 뿐 아니라 전쟁에서 이룬 공적도 없습니다. 그런데도 폐하께서 저를 삼공의 자리에 임명하셨는데 소인은 행동이나 재능에서나 모두 소임을 감당해내지 못하고 있습니다. 이에 후작의 인(印)을 도로 바치고 직에서 물러나 어진 사람에게 나아갈 길을 열어주고자 합니다."

천자는 이에 답하여 말했다.

"짐은 천하를 편안하게 하지 못할까 항상 두려워하며 누구와 더불어 정치를 할 것인지 노심초사했다. 경의 근면하고 성실한 행실에 대해 짐은 잠시도 잊은 적이 없었다. 불행히도 거처를 잘못하여 병에 걸렸으나 회복되지 않을까 염려할 것은 없다고 본다. 그런데도 이렇게 글을 올려 관직에서 물러나려고 하는 것은 도리어 짐의 부덕함을 드러내는 것이 된다. 지금 나랏일은 한가로운 편이다. 마음을 한결같이 하여 병을 치료하기에 전념하길 바란다."

그리고는 공손홍에게 휴가를 주고 쇠고기와 술과 비단을 하사했다. 그로부터 몇 달이 지나고 나서 공손홍의 병은 완쾌되어 다시 공무를 보았다.

원수(元狩) 2년(기원전 121년), 공손홍은 다시 병이 들어 마침내 6년 동안 맡았던 승상 자리에 있으면서 세상을 하직했다.

06

생선을 매달아 놓은 태수 **양속**

동한 때 남양의 태수 양속(羊續)이 임지에 도착한 후 살펴보니 남양의 귀족과 현령들이 너무 사치한 것을 보고는 자신은 일부러 낡은옷을 입고 거친 밥에 채소만 먹으며 낡은 수레와 마른 말을 끌고 다녔다. 부승(府丞) 초검(焦儉)이 보니 태수가 너무나 청빈해서 잉어를 한마리 갖다 드렸다. 선물로 받은 생선을 본 양속의 부하가 양속에게말했다.

"받지 않으시면 초검의 호의를 무시하는 것이고, 받으시면 청렴한관리의 도덕규범에 어긋납니다."

그러나 양속은 마음을 담은 생선을 물리기 어려워 어찌할 수 없이그냥 놔두었다가 초검이 나간 다음 그 생선을 처마 아래 매달아 놓았다. 며칠이 지나자 생선이 말라서 건어가 되어 바람에 이리저리흔들거렸으나 내려놓지 않고 그냥 내버려 두도록 하였다.

어느 날 초검이 또 지난번보다 더 큰 잉어 한 마리를 들고 양속을찾아왔다. 양속이 웃으면서 처마 밑에 매달린 마른 잉어를 손가락으로 가리켰다. 초검은 말라버린 잉어를 보고 태수의 괴로운 마음을 깨닫고는 얼굴을 붉히며 문을 나가버렸다. 이때부터 초검은 다시는 선물을 감히 보내지 않았다. 이러한 소식이 남양 소속 각 현에 알려지고 나서 현령들 모두 양속을 존경하게 되어 뇌물을 바치지 않았다.

양속(142-189)은 충신 태상경(太常卿) 양유(羊儒)의 아들이라고 낭중(郎中)에 임명되었다. 건녕 (建寧) 원년(186년)에 대장군 두무(竇武)가 불러 그의 부서의 하급관리가 되었으나, 두무가 정변을 일으켜 피살되어 양속은 면직되었다. 그 이듬해에 제2차 당고(黨錮)의 난이 일어나 양속은 연루되어 10여 년 동안 옥에 갇혔다가 풀려났고, 중평(中平) 원년(184년)에 태위 양사(楊賜)의 부름을 받아 그의 부하가 되었다가 네 차례 승진을 거듭하여 여강의 태수가 되었다. 중평 2년(185년)에 황건군을 진압했다. 그 후에 안봉(安鳳)에서 대풍(戴風)의 반란이 일어나 양속이 직접 군대를 이끌고 진압하여 3천여 명의 수급을 베고 생포한 나머지의 죄를 사면하고 모두 농민으로 만든 뒤 그들과 함께 농사를 지었다. 이듬해에 남양에서 반란이 일어나 이를 진압하여 남양 태수가 되었다. 양속은 부임하기 전에 몰래 남양 소속 현을 시찰한 다음에야 남양에 부임하였다. 그는 어느 현령이 탐관인지 청렴한 관리인지 조사하여 소속 관리들이 놀라며 경탄하였다.

어느 날 태산군에 있던 양속의 부인과 아들 양비(羊秘)가 남양으로 왔다. 양속은 부인을 집안으로 들어오지 못하게 문밖에서 기다리게 하고 아들 양비만 집안으로 데리고 와서 집안 재산을 보여주었다. 베 이불, 짧은 옷, 소금과 밀 몇 되뿐이었다. 양속이 머리를 돌려 아들을 바라보며 말했다.

"내가 가진 이런 것을 어찌 네 모친에게 줄 수가 있겠니?"

양비는 모친을 모시고 태산군의 집으로 돌아갔다.

양속이 남양 태수로 있을 때의 이 고사로 '현어태수(懸魚太守)'라는 아호(雅號)가 생겼다. 후세에 '전정현어(前庭懸魚)', '양속현어(羊續懸魚)', '괘부승어(掛府丞魚)'라는 성어로 후세에 전해졌다.

'현어거뢰(懸魚拒賂)'와 '양속거처(羊續拒妻)'에서 청렴한 관리의 풍모를 보여준 양속의 고사는 여기가 끝이 아니다.

중평 6년(189년), 영제(靈帝)가 유주목(幽州牧) 유우(劉虞)를 태위에 임명했고, 유우는 양속을 천자에게 천거했다. 그러자 영제가 양속을 태위에 임명했다. 당시의 관례에 따라 삼공(三公)의 자리에 임명되는 사람은 영제의 외척 대장군 하진(何進)이 조직한 군사조직인 서원(西園)에 천만 전의 예전(禮錢)을 기부하게 하였다. 사신으로 파견되어 기부금을 거두는 한관을 '좌추(左騶)'라고 했다. 좌추가 삼공에 임명된 사람의 집에 와서 조령을 선포하면 임명권자는 공손한 태도로 들어야 했는데 심지어 뇌물을 주기도 했다. 양속은 좌추를 돗자리 위에 앉히고 다 헤진 솜 옷을 보여주며 말했다.

"내가 기부할 것은 이것뿐이오."

좌추가 돌아가서 영제에게 보고하자 영제는 기분이 상하여 양속의 임명을 그만두었다. 영제가 유우를 다시 태위에 임명했으나 유우도 청렴한 관리로 명성을 날렸고 장순(張純)의 반란을 진압한 공을 세워 기부금은 면제해주었다. 영제는 양속을 다시 불러 태상에 임명하고 기부금은 면제해주었다. 양속은 낙양으로 가다가 병사했다. 향년 48세였다.

양속은 장례를 검소하게 지내고 기부금은 내지 못하겠다는 것이 그의 마지막 유언이었다. 당시 법에 2천 석 이상의 관리가 죽으면 조정에서 백만 전의 장례비를 지출하기로 되어 있었다. 그러나 양속에게 잉어를 보냈던 부승 초검은 양속의 유언대로 장례를 지냈고 조정의 장례비는 거절했다. 영제가 이를 전해 듣고 조서를 내려 양속의 인품과 덕을 칭찬하고 태산군에 있는 양속의 집에 상을 내렸다.

07

동전 한 닢 태수 유총

동한 때 회계의 태수 유총(劉寵)이 만기가 되어 승진하여 다음 임
지로 갈 때 산음(山陰)에서 대여섯 명의 눈썹이 희고 머리도 백발인
노인들이 유총을 쫓아왔다. 그들은 백성들이 모은 백 문(文)의 돈을
가지고 있었다. 유총이 물었다.

"무슨 일로 고생하며 나를 쫓아왔느냐?"

노인들이 이구동성으로 대답했다.

"우리는 산속에서 태어나고 자라서 관청이란 곳을 본 적도 없는
데 이전에 있던 태수들은 걸핏하면 민간에서 돈과 재물을 갈취하고
밤낮을 가리지 않고 난동을 부려 백성들이 편안하지 못했소. 그런데
당신이 부임한 이래로 밤에도 도둑이 없어 개가 짖어대는 소릴 듣지
못했고 백성들도 돈 뜯으러 돌아다니는 관리를 만나는 일이 거의 없
었소. 우리는 당신과 같은 현명하고 청렴한 관리를 만날 수 있었던
것은 행운이었소! 태수께서 다른 곳으로 전근 가신다고 들어 이렇게
전송하러 왔소이다. 이 돈은 우리의 작은 성의의 표시이니 부디 받

아주시기 바라오."

태수는 그들의 성의를 저버리지 못해 어쩔 줄 몰라 말했다.

"그 돈은 백성들의 피와 땀이 섞인 돈이니 받을 수 없소. 다만 그대들의 호의를 생각해서 그 많은 돈 가운데 한 푼만 가져가겠소."

유총은 백 문의 돈 가운데 한 푼만 가져가고 나머지는 도로 노인들에게 돌려주었다. 여기에서 '일전태수(一錢太守)'라는 별명이 생겼다.

유총은 산음 경계에서 이 한 푼의 돈을 강에 던져버려서 청렴한 관리의 인품을 스스로 지켰다. 정무에 전념하고 청렴했으며 백성들의 복지에 힘썼던 태수를 기념하기 위해 이곳을 전청(錢淸)이라고 했고 원래의 서소강(西小江)을 전청강(錢淸江)이라고 했다. 유총이 죽은 뒤에 사람들은 소흥(紹興)에 일전태수유총묘(一錢太守劉寵廟)를 세워 그를 기념하였고, 강변의 돈을 강물에 던졌던 곳에 「회계태수유총투전처(會稽太守劉寵投錢處)」라는 비석을 세웠고 이 비석 옆의 강변에 정자를 세워 선전정(選錢亭)이라 했는데 지금은 청수정(淸水亭)이라 한다. 건륭제가 남부를 순시하고 청전촌(淸錢村)의 이 정자를 지나다가 7언절구의 시를 지었는데 후에 돌에 시를 새겨 정자 안에 안치하였다. 지역 사람들은 일전정(一錢亭)이라고 부른다.

법을 잘 지켜 나라를 다스리던 그때 유총의　　순리당년제국유(循吏當年齊國劉)
많은 돈에서 남긴 한 푼은 역사에 살아있네.　　대전유일활천주(大錢留一活千秋)
지금 만약 백성을 사랑하는 자에게 물으면,　　이금약문친민자(而今若問親民者)
한 푼도 감히 남기지 말아야 한다 말하리라.　　정도일전불감류(定道一錢不敢劉)

건륭제는 청렴한 관리가 정말 백성을 사랑한다면 피와 땀이 묻은 돈이 한 푼의 돈이라도 결코 받지 말아야 한다고 하였다. 이것은 한 푼을 받은 유총을 뛰어넘어 한 푼의 돈도 거절할 수 있는 청백리가 되어야 한다고 강조한 것이다.

유총(?-197년)은 한나라 명제(明帝)의 현손으로 진효왕(陳孝王) 유승(劉承)이 그의 부친이다. 진국(陳國)의 여섯 번째 군주로 진국의 마지막 임금이다. 그는 용맹하고 특히 활을 잘 쐈다. 그의 부친이 죽은 후 진왕(陳王)을 이어받았다. 중평 연간에 황건군을 진압하여 진국을 잘 지켰다. 기근이 들자 먹을 것이 없게 되었는데 심지어 강회(江淮)에서는 사람들이 서로 잡아먹기도 했다. 제후들은 세금을 거두지 못해 다른 현을 약탈하거나 타지에서 유랑생활을 하다가 죽기도 했다. 그러나 진국만은 부강하여 다른 곳의 백성들이 몸을 의탁하여 군민이 10여만 명이나 되었다. 초평 원년(190년)에 각 주와 군에서 군사를 일으켜 동탁을 토벌하였는데 유총은 양하(陽夏)에서 군대를 주둔하고 스스로 보한대장군(輔漢大將軍)이라고 했다. 건안 2년(197년)에 원술(袁術)이 진국에게 양식과 마초를 요청하자 진국의 국상(國相) 낙준(駱俊)이 거절하였다. 원술이 화가 나서 자객 장개(張闓)를 보내 낙준과 유총을 죽였다.

08

사지(四知)라며 대가를 거절한 양진

　　송나라 때 동래선생(東萊先生) 여본중(呂本中)은 『관잠(官箴)』이란 책에서 말하길, "관리가 지켜야 할 도리에는 세 가지가 있는데 청(淸), 신(愼), 근(勤)이다. 즉 첫째는 청렴, 둘째는 신중, 셋째는 근면이다"라고 하였다. 이렇게 개괄적으로 관리가 되어 준수해야 할 원칙은 말할 필요도 없이 마땅하다. 이 세 가지 중 청렴을 첫 번째에 둔 것은 청렴하고 공정하며 결백함이 관리가 된 자가 반드시 몸소 실천해야 한다는 것을 뜻한다. 청렴하고 공정하며 결백하여야 관리가 되어도 위엄과 신뢰가 있게 되어 사람들이 믿고 따르기 때문이다. 이러한 소질을 갖추어야 국사를 잘 처리할 수가 있어서 소위 이성(李惺)은 『서구외집(西漚外集)』「빙언(冰言)」에서 말하길, 관리가 "공정하여야 마음이 맑아 일 처리가 사리에 밝으며, 결백하여야 위엄을 세워 백성에게 신뢰를 줄 수 있다"라고 하였다. 송나라 때 포청천으로 잘 알려진 유명한 판관 포증(包拯)은 뇌물을 탐한 관리를 임용하지 말 것을 제발 청하며 「걸불용장리(乞不用贓吏)」에서 "청렴한 관리는 백성의 모범이고, 탐욕에 빠진 관리는 백성의 도적이다"라고 하였다. 지도자의 위신은 청렴결백한 기풍에서 배양되어 나온다. 어떠한 탐관오리도 백성들은 상대하지 않고 멸시한다.

동한 때 양진(楊震)은 동래(東萊) 태수로 부임한 기간에 공무로 창읍(昌邑), 지금의 산둥성 거야(巨野)를 지나는데 현령 왕밀(王密)은 일찍이 양진의 추천으로 형주(荊州)의 현령이 되었다. 이날 밤 왕밀은 양진을 만나 품에서 금 10근을 꺼내 증정했다.

양진이 거절하며 말했다.

"나는 너를 이해한다. 너를 추천했지만, 너는 나의 오랜 친구인데도 이처럼 나를 이해하지 못하냐?"

왕밀이 급히 말했다.

"늦은 밤이라 아는 사람이 없다!"

양진이 엄숙하게 말했다.

"하늘이 알고, 땅이 알며, 내가 알고 네가 아는데 어찌 아는 사람이 없다고 말하느냐?"

왕밀은 양진이 이렇게 청렴하고 진지한 것을 보고는 할 수 없이 부끄러워 물러났다. 개인 생활의 작은 일이지만 정부의 직책이 있고 권력이 있는 사람은 이처럼 행동하기가 쉽지만은 않다는 것을 알 수 있다.

양진(?-124년)은 자가 백기(伯起)이며 홍농(弘農) 화음(華陰), 지금의 산시(陝西)성 화음 출신이다. 동한 때 조정의 유명한 대신으로 은사 양보(楊寶)의 아들이다. 여러 경서에 통달했는데 특히 구양생(歐陽生)이 전한 『상서(尙書)』를 연구했고 박학다식하여 당시 유생들이 그를 '관서(關西)의 공자 양백기(楊伯起)'로 불렀다. 여러 주군(州郡)에서 그에게 벼슬을 주겠다고 불렀으나 지조를 지켜 가지 않았는데 수십 년이 지났다. 나이 50세에 대장군 외척으로 태부(太傅) 등우(鄧禹)의 손자인 등즐(鄧騭)의 부름을 받고 무재(茂才) 출신으로 천거되어 형주 자사가 되었고 동래 태수를 역임했는데 정치적 업적이 탁월했다. 무재는 수재(秀才)를 말하는데 광무제 유수(劉秀)의 이름을 피하는 것이 관례였기 때문이다.

양진은 탁군(涿郡)의 태수를 맡았는데 공정하고 청렴결백하여 사적인 청탁은 받지 않았다. 그의 자손들에게 고기를 먹지 않고 검소하게 살도록 했다. 양진의 친구들이 그에게 자손을 위해 토지나 부동산 같은 저택을 사두라고 권하자, 양진은 거절했다.

"후세 사람들이 내 자손들은 청렴결백한 관리의 자손이라고 불러주는 것이 훨씬 더 좋아."

원초(元初) 4년(117년), 조정의 부름을 받고 황제의 수레와 말을 관리하는 직책인 태복(太僕)에 임명되었다가, 천자의 제사를 집정하는 조정 최고의 관직인 구경(九卿) 중의 하나인 태상(太常)으로 승진했다. 영녕(永寧) 원년(120년), 조정 최고 원로 삼공(三公)의 하나인 정1품 관직 사도(司徒)가 되었다. 이듬해에 등태후(鄧太后)가 세상을 떠나자, 안제(安帝)는 후비(后妃)를 총애하면서 교만해지고 정무에 태만해지기 시작했다. 안제의 유모 왕성(王聖)은 안제를 키운 공으로 황제의 총애에 기대어 법을 무시하고 하늘도 두려워하지 않게 되었다. 또 왕성의 딸 백영(伯榮)도 모친 덕에 궁중을 드나들며 제멋대로 뇌물을 받고 부정한 일을 저질렀다. 이에 양진은 황제에게 상소하여 이 모녀의 악행을 폭로하며 비판하였으나 안제는 오히려 왕성에게 양진의 상소문을 보여주어 그 모녀는 양진에 대해 마음에 원한을 품었다.

유모 왕성의 딸 백영은 이미 작고한 조양후(朝陽侯) 유호(劉護)의 사촌 형 유괴(劉瑰)와 결탁하였고 유괴는 모녀에게 아부하며 빌붙기 위해 자신의 아내로 삼기까지 했다. 안제는 유괴가 유호의 작위를 상속받게 하고 시중(侍中)으로 승진시켰다. 양진은 이를 반대하며 상소했다.

"한고조 이래로 관직 세습은 부자나 형제 상속이지 다른 사람에게는 세습할 수 없도록 했습니다. 그리고 유호의 동생들이 아직 살아있으니 유괴에게 세습하게 할 수 없습니다. 천자는 공신을 관직에 봉하고 제후는 덕행에 근거하여 작위를 받습니다. 유괴는 아무 공로나 덕행도 없는데 관직에 봉하는 것은 도의에 적합하지 않습니다. 역사를 거울로 삼아 규정에 따라 정무에 힘써야 인심을 얻고 천하가 안정됩니다."

안제는 양진의 간언을 듣지 않았다.

연광(延光) 2년(123년), 양진은 태위(太尉)에 임명되었다. 안제의 외삼촌 대홍려(大鴻臚) 경보(耿寶)가 중상시(中常侍) 이윤(李閏)의 형을 양진에게 추천했으나 양진이 받아들이지 않자, 경보가 직접 양진을 찾아가서 따졌다.

"중상시 이윤은 황제의 인척이니 폐하께서는 경이 그의 형을 추천하리라고 생각하고 있소. 나는 그대에게 폐하의 뜻을 전할 뿐이오."

양진이 거절했다.

"만약 조정에서 삼공이 추천하게 하려면 상서의 명령이 있어야만 하오."

황후의 오빠 집금오(執金吾) 염현(閻顯)도 양진에게 그의 친구를 추천하였지만, 양진은 받아들이지 않았다. 집금오는 도성을 호위하는 직책으로 황제가 순행할 때 황제를 수행하기도 하여 지위가 높아서 구경과 같았다. 광무제 때 "관직을 하려면 집금오가 되어야 하고, 아내를 맞이하려면 음려화(陰麗華)를 얻어야 한다"라는 민간의 전설이 있을 정도였다. 황제가 되기 전 유수는 일찍이 집금오의 수행 행렬을 보았고, 음려화라는 미녀를 본 적이 있었다. 유수는 음려화를 아내로 맞이하였고, 광무제가 된 후에 음려화를 황후로 책봉했다.

사공(司空) 유수(劉授)가 이 소식을 전해 들은 후에 황제와 관련이 있는 중상시 이윤의 친구와 집금오의 친구 두 사람을 천거하여 열흘 안으로 바로 선발하였다. 양진은 이것 때문에 화를 당하게 된다.

안제가 조서를 내려 유모 왕성을 위해 저택을 짓게 하였으며 중상시 번풍(樊豐)과 사운(謝惲)은 옆에서 찬동했다. 양진이 이에 상소하였다.

"지금은 자연재해가 엄중하고 국고가 텅 비어 있으며 농사일에 바쁜 시기인데도 엄청난 인력과 재력, 물력을 동원하는 것은 부적합하다고 생각됩니다. 또 비용도 엄청나고 소요 물자도 너무나 많습니다. 재상 관저에서 인재를 초빙하고 있는데 추천된 자는 뇌물로 관직을 사려는 무능한 무리이며 심지어 과거에 탐관오리였기 때문에 관리가 다시는 되지 못하도록 한 자들이므로 뇌물수수를 한 적이 있는 자가 새로 고위직을 얻는다면 흑백이 뒤섞이고 청탁의 구분이 없게 되므로 천하의 여론이 시끄러워질 것입니다. 관직을 돈으로 산다면 조정은 풍자의 대상이 되고 욕을 먹을 것입니다. 일찍이 신의 스승이 말하길 '국가가 인민을 부역하는 일이 많게 되면 백성의 재산이 탕진되어 원한이 쌓이고 힘이 다하게 되어 반란이 일어날 것이다'라고 말했습니다. 백성이 조정에서 민심이 떠나면 조정은 어떻게 백성들에게 의지하겠습니까? 공자가 말하길, '백성이 풍족하지 않는데, 군왕이 어떻게 풍족하겠는가?'라고 했습니다. 폐하께서는 이 점을 깊이 통촉하시기 바랍니다."

번풍과 사온은 안제가 양진의 고뇌에 찬 직간을 듣지 않는 것을 보고는 거리낌 없이 황제의 조서를 날조하여 대사농(大司農)이 관장하는 국고의 돈과 양식, 장작대장(將作大匠)이 관장하는 목재를 제멋대로 꺼내어 저택을 짓는 등 인력과 재력을 낭비하는 일이 부지기수였다. 그래서 이에 양진은 더욱 화가 나서 상소를 또 올렸다.

"작년 12월 4일에 경성의 땅이 움직였습니다. 저의 스승이 말하길, '땅은 음의 정기에 속하므로 양의 정기를 이어받아야 안정된다'라고 했습니다. 지금 땅이 흔들리는 것은 음도(陰道)가 너무 왕성하기 때문입니다. 토목사업을 일으키지 않으시면 백성들은 정치가 청렴하다는 것을 압니다. 도성의 웅장함은 높은 누각과 화려한 궁궐 때문이 아닙니다. 일부 아첨하는 무리는 폐하의 마음과 같지 않습니다. 교만하고 사치하며 법을 넘어섰으며 백성의 노역을 남용하며 저택을 지어 권세를 부리고 있습니다. 길가에서는 백성들의 의논이 분분하며 모두 직접 귀로 듣고 눈으로 봤습니다. 땅이 움직여서 변화가 일어난 것이 경성 근처인데 이것 때문에 발생한 것입니다. 겨울에 눈이 내리지 않고 봄에 비가 오지 않아 백관은 초조해하고 저택 짓는 일이 멈추지 않으니 가뭄이 들 징조입니다. 폐하께서는 강건하고 바른 정신을 일으키시어 교만하고 사치한 무리를 포기하시고 요망한 말을 막아서 하늘의 경계를 이어받아 권세가 다른 곳으로 가지 않게 하시어 권력을 잃지 마시기 바랍니다."

양진은 여러 차례 상소하였는데 그 언사가 격정적이어서 안제는 기분이 나빴다. 번풍은 양진을 증오하게 되었지만, 양진이 당시에 저명한 유학자였기 때문에 감히 해를 입히지는 못했다.

얼마 후 하간군(河間郡)에서 조등(趙騰)이 궁궐 문에 상소문을 붙여 조정을 비판했다. 안제는 화가 크게 나서 조등을 붙잡아 옥에 가두게 하고는 혹형으로 고문하였고 황제를 모함했다는 죄명으로 사건을 종결지었다. 양진이 소식을 듣고 즉각 조등을 구하기 위해 상서했다.

"신이 듣건대 요순시대 때 조정에서는 감히 직간하는 북을 설치하고 비방하는 나무를 세워 관리와 백성을 격려하여 황제에게 비판하는 의견을 제출하도록 했습니다. 은주시대 때 영명한 군주는 특별히 백성들의 원한, 분노와 불만을 경청하는 데 주의하여 치국의 결점이나 잘못을 수정하는 데 활용하고 덕행으로 백성을 교육하고 감화하였습니다. 그렇게 한 까닭은 아래에서의 진정을 이로 전달하기 위함이었고 백성이 거리낌 없이 하고 싶은 말을 시원하게 다 말하게 하여 사회 최하층민 모두가 의견을 내게 하고 광범위하게 많은 의견을 널리 모아 정치에 활용하여 모든 사람에게 이익이 돌아가게 하기 위함이었습니다. 조등은 비록 격렬한 언사로 조정을 공격하여 죄를 얻었지만, 살인자나 방화범과는 다릅니다. 신은 이미 정해진 죄로 감면하여 그의 목숨을 살려주시고, 많은 사회 하층민의 솔직한 직언을 격려하시어 언로를 넓히고 교화의 효과를 얻으시길 바랍니다."

안제는 양진의 글을 읽고 깨달음을 얻지 못하였으며, 조등을 도성으로 끌고 가서 효시하였다.

연광 3년(124년), 안제가 태산을 순시하는 틈을 타서 번풍 등이 저택을 지었다. 양진의 수하 고서(高舒)가 장작대장 영사(令史)를 불러 이 사건을 조사하게 했다. 번풍의 가짜 조서를 찾아내자, 양진은 상주하는 글을 써둔 다음 안제가 돌아오길 기다렸다가 상서했다. 번풍은 실상이 만천하에 드러날까 두려워 마침 태사(太史)가 별자리가 거꾸로 돌아가고 있다는 말을 듣고 양진을 모함했다.

"조등이 죽은 후 양진은 원한이 깊었고 등즐의 옛 부하였으므로 원한이 마음에 깊어졌습니다."

안제가 궁으로 돌아왔다. 저녁에 사자를 보내 양진 태위의 인수를 회수하도록 했다. 양진은 문을 닫고 문객을 받지 않았다. 이에 번풍은 양진에게 원한이 있어 대장군 경보에게 양진이 죄를 불복한다고 황제에게 상주하게 하였다. 안제는 양진에게 마음의 원한을 품고 있었으므로 명령을 내려 양진에게 귀향하도록 했다.

양진이 낙양성 서쪽 기양정(幾陽亭)에 이르렀을 때 그의 아들들과 문하생들에게 말했다.

"누구나 다 죽음을 피할 수 없다. 나는 황제의 성은을 입은 자리에 있었는데도 교활한 간신을 주살하지 못한 것이 통한이니 천하 사람들을 볼 면목이 없구나! 내가 죽은 후에 잡목으로 관을 짜고 홑옷으로만 내 육신을 덮어라. 장례도 지내지 말고 제사 지낼 사당도 설치하지 마라."

그리고는 그는 침주라는 독주를 마시고 자결했다. 향년 70세였다.

홍농 태수는 번풍의 지시를 받아 관원을 파견하여 섬현(陝縣)에서 장례 치르는 것을 중지시켜 관이 길가에 그대로 방치되었고, 두 아들에게 명령을 내려 편지를 배달하는 우편 집배원 일을 책임지고 대신하게 했으니 지나가는 사람들이 울지 않는 사람이 없었다.

영건(永建) 원년(125년), 한순제(漢順帝)가 즉위하자마자 번풍과 사온을 주살하였다. 양진의 문하생 우방(虞放)과 진익(陳翼) 등은 조정에 스승의 억울한 사정을 호소했다. 조정은 양진이 충성한 인물이라며 조서를 내려 양진의 두 아들에게 낭(郞)의 벼슬을 하사하고 돈

백만 냥을 하사했으며 화음 동정(潼亭)에 다시 장례를 치르도록 했다.

양진이 죽기 십여 일 전에 큰 새 한 마리가 양진 장례 대열 앞으로 날아와 눈물을 흘리며 슬프게 울었다고 한다. 순제가 양진의 억울함을 알고는 조서를 내렸다.

"이미 고인이 된 양진은 정직한 관리였고 시정을 보좌했으며 소인은 흑백이 전도되어 충신을 모함하니 하늘이 노하여 재해를 내리신 것은 양진이 억울하게 죽었기 때문이다. 짐이 우매하면 이러한 죄를 가중할 것이니 산이 무너지고 다리가 끊어진다면 이 얼마나 위험하겠는가! 지금 내가 태수 승(丞)에게 중뢰(中牢)의 제사를 지내게 할 것이니 만약 그대의 영혼이 나타난다면 이 제물을 향유하길 바라오."

사람들은 돌로 만든 새 상을 그의 묘 앞에 세워 기념하였다고 전하지만, 지금은 남아 있지 않는다. 지금은 산시(陝西)성 성회(省會) 시안(西安) 동부 양진의 고향 화음 근교의 통관(潼關)의 위하(渭河) 강변에 있는 통관 고성(古城) 서쪽의 진동진(秦東鎭) 사지촌(四知村)에 양진염정(楊震廉政) 박물관을 세워 그를 기념하고 있다.

'사지(四知)'란 천지(天知), 신지(神知), 아지(我知), 자지(子知), 즉 하늘, 신, 나, 너의 네 사람이 안다는 뜻이다.

09

지조가 굳고 결백하며 사욕이 없는 **제오륜**

동한 때 제오륜(第五倫 ?-86년)은 그의 조부 제오차(第五次)가 경조(京兆) 장릉(長陵), 지금의 섬서 함양 동북으로 이사했다. 제오륜은 일찍이 경조윤의 주부(主簿)로 있었고, 건무 27년(51년)에 효렴으로 천거되어 광무제 유수에 의해 부이(扶夷), 지금의 호북 무강(武岡)의 현령, 회계, 지금의 장쑤성 쑤저우(蘇州)의 태수와 촉도(蜀都)의 태수가 되었다. 장제(章帝) 즉위 후에 사공이 되어 조정 최고의 지위에까지 올랐다.

제오륜의 성격은 정직하고 백성을 동정하여 백성을 위해 그들의 걱정을 해결해주는 것을 자신의 소임으로 여겼다. 주부 때 장안성 시장을 저울과 자 등의 도량형으로 정확하게 관리하여 속임수를 써서 사기를 치지 않아 백성들이 탄복하였는데 쌍방이 가격으로 분규가 발생하면 공평하고 합리적으로 해결해주었고, 회계 태수로 있을 때는 미신 풍속이 만연하여 명절 때마다 소를 잡아 제사를 지내 정작 농사지을 때 소가 없어서 큰 불편과 고생을 겪어야 했는데 이러한 풍속을 금지하여 만약 지키지 않으면 처벌하였더니 귀신 믿는 풍속이 없어졌다. 촉군의 태수로 있을 때는 부하관리들이 모두 부자여서 퇴근 때 그들이 타는 수레가 화려하였고 반면에 농민들은 과도한 세금징수로 갖은 고생을 겪어 부호 출신 관리는 모두 도태시키고 청빈하고 정직한 선비로 대체하여 부패에 반대하고 청렴한 관리의 모습을 제창하여 바르지 못한 풍조가 점차 없어지면서 사회 풍속이 크게 개선되었다. 그는 재덕을 겸비한 선비를 천거하여 조정에서 구경이나 2천 석의 고위직으로 중용되었다. 세상 사람들이 그는 인재를 잘 알아본다고 칭송했다.

제오륜은 마음을 다하여 공적인 일에 힘썼는데 항상 상서하여 정사를 논했다. 한편 그는 바르고 굳센 절개가 있었고 공명정대하였으며 자기 뜻을 굽혀 남의 의견에 영합하며 아부하지 않았다. 장제 때 외척이 정권을 장악하였는데, 마황후(馬皇后)의 오빠들이 요직에 앉아 대권을 장악하여 조야에 위세를 떨쳤다. 두황후(竇皇后) 오빠 두헌(竇憲)이 금군을 맡아 조정을 출입하자 사람들의 추종을 받았다. 적지 않은 관리들이 담장의 풀처럼 안식처에 편안하게 앉아있으면서 바람에 이리저리 흩날리며 줏대 없이 자신의 주장이 하나도 없었다. 제오륜은 진흙탕 속에서도 물들지 않았고 청백리의 풍모를 잃지 않았다. 그는 외척이 지나치게 흥하면 그들이 교만하고 사치해지며 권력을 마음대로 휘둘러 조정을 위험에 빠트릴 수 있다고 여겨서 여러 차례 상서를 올려 시정의 폐단을 공격하며 외척 세력을 억제하길 요청했다. 그는 또 명확하게 밝히길, "외척들을 제후로 봉하여 부유하게 할 수는 있어도, 관직을 맡게 해서는 안 된다"라고 하였다. 적지 않은 권세가들이 죄를 짓게 되자 탐관오리들과 결탁하여 장제 앞에서 제오륜을 참소하여 장제가 제오륜을 냉대하였으나 제오륜은 기가 죽거나 용기를 잃지 않고 여전히 강직하여 아부하지 않았으며 결코 시류에 영합하지 않았다. 세상 사람들은 그를 서한 때 간쟁(諫諍)을 잘한 공우(貢禹)에 필적한다고 칭송하였다.

공우는 경서에 밝고 결백한 행동으로 유명했다. 어질고 능력 있는 선비를 등용하고 간신을 주살할 것을 주장했다. 지조를 지키며 검소한 생활을 하여 후세 사람들이 공공(貢公)으로 칭송했다. 그는 사치와 낭비 그리고 가중된 세금징수 때문에 인구가 감소하였다고 주장했는데 여기에는 두 가지 이유가 있다고 하였다. 하나는 천자에서부터 왕공, 귀족들에게까지 사치하고 낭비가 극심하여 굶어 죽는 백성들이 부지기수였다고 직간하였다. 다른 이유는 세금징수의 문제라고 하면서 한무제 이전에 7세부터 14세까지 내는 세금 구부(口賦)는 23전, 15세부터 56세까지 내는 세금 산부(算賦)는 120전이었다. 그러나 한무제 이후에 구부의 나이를 낮추어 3세부터 세금을 징수하여 백성의 부담을 가중하였다. 그래서 부담이 커진 농민은 자식을 낳고도 바로 울며 죽여버리는 어처구니없는 비인간적인 현상이 비일비재하여 인구가 감소하였다. 그는 천자의 수레와 의복 등 물품을 3분의 2를 없애고 세금과 부역을 줄여줄 것을 주장하여 조정에서는 구부의 나이는 7세, 산부의 나이는 20세부터 징수하기로 개정하였다. 당시의 인구 감소의 원인에 대한 그의 탁견은 백성의 부담을 크게 줄이고 백성을 사랑하고 백성에게 은혜를 베푸는 정신에서 유래하였다.

제오륜은 최고위직에 있어 봉록이 많아도 교만하고 사치하며 음란하거나 놀기를 좋아하지 않았으며 검소하고 절약하는 생활을 하였다. 그가 태수로 있을 때 그는 직접 풀을 베어 말에게 먹였고 자식들은 부엌에서 불을 피워 밥을 지었다. 봉급으로 양식을 받는 날이면 자기 집에서 쓸 것만 남기고 나머지는 증정하거나 싼 가격으로 가난한 사람들에게 팔았다. 사공이 된 후에도 위세를 부리지 않았고 조회에 참석할 때는 마른 말이 끄는 수레를 타는 일 외에는 평소에는 걸어 다녔고 베 옷을 입었으며 거친 잡곡밥을 먹었다.

제오륜이 다른 사람과 구별되는 것은 자아 분석과 자아비판에 용감했다는 점이다. 하루는 어떤 사람이 그에게 물었다.

"당신은 마음을 다하여 공적인 일에만 전념하는데 사적인 감정과 잡념은 없소?"

제오륜은 솔직하게 대답했다.

"왜 없겠소? 전에 어떤 사람이 내게 천리마를 선물했는데 내가 비록 받지는 않았지만, 삼공이 되어 인재를 선발할 때 내 마음속에 그 사람을 잊지 못했소. 그러나 최종적으로 그 사람은 등용하지 않았소. 내 형의 아들은 항상 병이 나서 나는 하룻밤에 열 번이나 병문안을 간 후에야 돌아와서 편안히 잠을 잘 수 있었소. 그런데 내 아들이 병이 났을 때는 한 번도 가 보지 않았지만, 나는 그날 밤새 한잠도 자지 못했소. 이것으로 볼 때 내가 사심이 없다고 말할 수 있겠소?"

제오(第五)는 복성(復姓)이다. 진나라가 6국을 멸하고 통일했을 때 6국의 왕족들이 나라를 수복하기 위해 진나라에 반대했으나 실패하였다. 유방이 진나라를 멸하고 한나라를 세운 뒤에 진나라에 반대하며 수복에 실패했던 왕족들을 땅을 나누어 안치했다. 제1부터 제8까지 8부류로 나누었는데 후세 사람들이 제차(第次)를 성씨로 삼았다. 그래서 제5가 성씨가 된 것이다. 현재 중국의 섬서성 경양(涇陽), 순읍(旬邑) 일대에 분포하고 있는데 제오(第五) 성씨가 지금은 제(第), 오(五) 혹은 오(伍) 성씨로 발전하였다. 제오씨가 역사에서 유명한 인물은 이 한대의 제오륜 외에 당나라 때 제오기(第五琦)가 있다.

　제오기(712년-782년)는 장안 사람으로 당 왕조 중기의 정치가이자 경제학자였다. 현종 개원 14년(726년)에 명경과에 합격하여 호부시랑, 탁지사(度支使), 주전사(鑄錢使)와 염철사 등 특히 재정, 경제 관련 관직을 역임했다. 화폐제도 개혁을 주도했는데 안사의 난 이후 경제 발전에 공을 세웠다.

10

비옥한 땅의 이익을 탐내지 않은 공분

공분(孔奮)은 동한 초기의 관리로 공자의 15대손이며 서한 때 시중 공패(孔覇)의 증손자다. 젊어서 유명한 유학자 유흠(劉歆)에게서 『춘추좌씨전』을 배웠는데 그에게서 칭찬을 들었다.

왕망의 난 때 모친을 모시고 황하의 서쪽 하서(河西)로 피난하였다. 건무 5년(29년)에 하서장군 두융(竇融)의 초청으로 하급관리가 되었고 고장(姑臧)의 장관이 되었다. 천하가 혼란하였으나 하서지구만은 안정되어 고장 땅은 사람들이 부유한 현이라고 칭했다. 이곳은 강족(羌族)과 무역을 하여 매일 네 차례 시장이 열렸는데 현의 관리들은 몇 개월 만에 부자가 되었으나 공분은 이곳 고장에서 4년을 관리로 있으면서 재산이 증식되지 않아 세상 사람들의 웃음거리가 되었다. 그러나 모친에게는 효성이 지극하여 진귀한 음식을 구하여 노모를 대접하며 봉양했지만, 자신은 검소한 생활을 하였다. 공분은 지조를 중시하고 정사를 펼치는 데 인의와 평화를 중요시했다. 태수 양통(梁統)이 그를 존중하여 그를 관리의 예의로 대하지 않고 대문

을 활짝 열어 영접한 후에 내실로 인도하여 자신의 부모를 만나게
했다.

농서와 촉 땅이 평정된 후 하서지구의 태수와 현령 모두 조정으로
초청되어 경성으로 갔다. 관리의 재물이 가득 실린 수레가 온 길을
다 뒤덮었는데 오직 공분은 재산이 없어 겨우 빈 수레만 끌고 갔다.
고장의 관리와 백성, 강족이 말했다.

"공분은 청렴하고 인의가 있으며 현명했소. 우리 현은 그의 은혜
를 입었다. 그가 지금 현을 떠나는데 우리는 그의 은덕에 보답하지
않았다!"

모두가 소, 말과 기물을 모아서 수백 리 길을 쫓아가서 공분에게
주었다. 공분은 감사의 말만 할 뿐 일체를 받지 않았다. 공분이 경성
에 도착한 후 그는 무도(武都)의 군승(郡丞)에 임명되었다.

그는 군수가 된 후에도 사람들의 존경을 받았다. 공분이 맑고 밝
으며 과단성 있게 정무를 처리했으므로 시비가 분명했으며, 악을 싫
어하고 선을 선양하였다. 다른 사람의 미덕을 보면 가족처럼 사랑하
고, 품행이 단정하지 못한 사람에 대해서는 원수 대하듯 하였다. 군
의 사람들은 그가 청렴하고 공정하다고 말했다.

농서에서 반란이 일어나 진압한 공으로 무도의 태수가 되었으나
병이 들어 집에서 죽었다.

비옥한 땅에 살면서도 돈을 벌어 부자가 되지 못한다는 뜻으로
"청렴한 관리가 지조를 지켜 청렴과 절개를 바꾸지 않는다"라는 것
을 '지고막윤(脂膏莫潤)' 또는 '지고불윤(脂膏不潤)'이라고 한다.

11

법을 엄하게 집행하여 군주의 하인을 죽인 **제준**

　사적인 것을 버리고 공적인 일을 위하여 힘써 일하는 것을 '극기
봉공(克己奉公)'이라고 한다. '극기'는 공자가 말한 '극기복례(克己復
禮)'에서 온 것인데 자기를 극복한다는 뜻으로 사사로운 욕심을 버
리는 행위를 말한다.

　『논어』「안연」에서 계강자가 공자에게 물었다.

　"정치를 어떻게 해야 합니까?"

　공자가 대답했다.

　"정치는 바로잡는다는 뜻이니, 그대가 솔선하여 바르면 누가 감히
바르지 않겠는가?"

　'극기봉공'은 관건이 자신을 극복하여 자제하는 것에 있으므로 엄
하게 자신을 다스려야 한다는 뜻이다. 송대 임포(林逋)는 『성심록(省
心錄)』에서 일찍이 정치에서의 극기의 중요성을 치밀하게 논하였다.

　"자신을 단속하면 충분히 남을 설득할 수 있고, 자신의 넓은 도량
으로 관대하게 대하면 충분히 남을 얻을 수 있으며, 자신이 솔선수

범하면 충분히 남을 거느릴 수 있다."

엄하게 자신을 단속하면 남이 믿고 따를 수 있고, 아량을 베풀면 인심을 얻을 수 있으며, 앞장서서 일하면 대중의 모범이 될 수 있다는 것이다. 이러한 생각은 『논어』 「자로」에서 공자가 더욱 심각하게 말했다.

"자신이 바르면 명령하지 않아도 행해지고, 자신이 바르지 못하면 비록 명령하더라도 따르지 않는다."

정치가 자신이 바르게 행동하여야 하고 솔선해서 자신이 몸소 행하여 대중의 모범이 되어야 발언권과 지휘권, 더 나아가서 입법권도 생겨 정치를 잘 처리할 수가 있다는 뜻이다. 그래서 엄격하게 자신을 요구할 수 있느냐의 관건은 정치가가 고상한 도덕심을 소유하고 있으냐가 시금석이며 치국평천하의 선결 조건이다.

남북조 시대 사학자 범엽(范曄)은 『후한서』 「제준전(祭遵傳)」을 편찬할 때 제준을 칭찬했다.

"사람됨이 청렴하고 소인배를 차단했으며 자기를 자제하여 사적인 것을 멀리하고 공적인 일에 힘썼다."

후에 사람들이 '극기봉공'을 성어로 만들어 자신에게 엄격함을 요구하여 한마음 한뜻으로 국가와 백성을 위하는 사람을 칭찬하였다.

제준은 자가 제손(弟孫)이고 동한 영천(潁川), 지금의 하남 허창(許昌) 사람이다. 서기 23년, 유수는 하북 원정을 갔는데 현리 신분의 제준은 왕망이 이미 인심을 잃은 것을 보고 유수에게 투항했다. 유수가 그의 풍채가 비범하고 기개가 세속에 물들지 않은 것을 보고 문하리(門下吏)에 임명하였다가 곧 군대의 기강을 감독하고 살피는 군시령(軍市令)으로 승진시켰다. 한번은 유수 관저에 젊은 사람이 군기를 위반했다. 제준이 자기 관직이 미천하다고 여기지 않고 이 젊은 사람이 유수의 소속인 것을 생각하지 않은 채 법에 따라 그를 참수하였다. 유수가 소식을 듣고 크게 화가 나서 제준을 체포하여 옥에 가두었다. 주부 진부(陳副)가 제준이 옳다고 여겨 유수에게 그를 석방할 것을 요구했다. 유수가 진부의 권유에 크게 깨닫고 제준을 용서했을 뿐만 아니라 관직을 승진시켜 '자간장군(刺奸將軍)'이라 불렀다. 전문적으로 횡포한 자와 악한 자를 제거하는 장군이란 뜻이다.

유수가 장군들에게 말했다.

"제준은 내 집의 노비가 법을 어겼다고 그를 죽였으니, 필시 그대들에게도 사적으로 대하지는 않을 것이다."

유수의 이 말은 제준이 법을 엄격하게 집행하여 유수의 가노(家奴)를 사형시켰으니 장수들에게도 사사로운 정을 베풀지 않을 것이므로 모두 그를 조심해야 한다고 경고하는 말이다. 제준은 법 집행이 산과 같고 사적인 감정을 개입시키지 않아, 유수는 그를 신임하고 중시했다. 게다가 그가 여러 차례 군사적 공적을 세우자 그를 계속 승진시켜 후에는 관직이 정로장군(征虜將軍)에 이르렀으며 영양후(潁陽侯)에 봉해졌다.

제준은 사람됨이 청렴하고 결백하여 관직 생활도 근면하고 성실하며 검소하고 일 처리 또한 신중하였으며 자신에게 엄격하여 공적인 일을 매우 중시하였다. 매번 유수에게서 상을 받으면 모두 수하의 낮은 관리와 사병에까지 나눠 주어 자신은 외려 몸에 한 푼의 가치도 없는 옷을 입고 집안에도 사적인 재산이라곤 하나도 없었다.

그가 위독하였을 때 그는 다음과 같이 유언을 남겼다.

"우마차에 내 유골을 실어 낙양에 매장하되 후하지 않게 하라."

그가 죽은 후 몇 년 뒤에 유수는 여전히 그의 "공적인 일을 먼저

하고, 사적인 일을 나중에 한다"라는 뜻의 '공선사후'의 정신을 기리기 위해 군신들에게 말했다.

"나라를 걱정하고 공적인 일을 우선시한 제준과 같은 신하를 어찌 다시 얻을 수 있다는 말인가!"

12

죽을 때까지 충성을 다 바친 **제갈량**

　제갈량은 유비를 보좌하여 남북으로 뛰어다니며 전쟁을 수행하여 여러 차례 공을 세우고 촉나라를 건립했다.

　유비가 관우의 복수를 위해 이릉 전투에서 오나라와 싸우다 육손에게 패하여 백제성으로 물러나 세상을 하직하며 제갈량에게 자기 아들인 유선을 맡겼다. 제갈량은 유선에게 북벌을 단행하며 출사표를 올렸다.

　그는 일생을 고위직에 있으면서 검소하며 사리사욕을 채우지 않았다.

　제갈량은 후주 유선에게 표를 올려 말했다.

　"성도에는 뽕나무 800그루와 메마른 땅 15 이랑이 있으므로 제 자손이 살기에는 여유로울 것입니다. 신이 밖에서 임무를 수행할 때는 특별히 조달할 필요 없고, 몸에 필요한 옷과 음식은 모두 관청에서 주므로 달리 경영하여 재산을 만들 필요가 조금도 없습니다. 만일 신이 죽었을 때 제 집안에 남는 비단이 있거나 밖에 다른 재산이 있어 폐하의 은총을 저버리게 하지 않게 하겠습니다.”

그가 죽었을 때 그의 집에는 그가 말한 것과 같았다.

건흥(建興) 9년(231년) 제갈량이 다시 기산에 출정했다. 목우(木牛)를 이용하여 군수물자를 실어 날랐으나 군량이 다 떨어져 군대를 후퇴시켰다. 위나라 장군 장합을 활을 쏘아 죽였다.

건흥 12년(234년), 제갈량이 전군을 이끌고 사곡에서 출정하였는데 유마(流馬)로 군수물자를 실어 날랐다. 무공(武功)의 오장원을 점령하고 사마의와 대치하였다.

제갈량은 항상 계속해서 군량이 공급되지 않아 자기의 뜻을 펴지 못할까 걱정했다. 그래서 그는 병사를 나누어 둔전하게 하고 농사를 지어 군량을 마련하여 오랫동안 주둔할 기초를 세웠다. 농사를 짓는 이들은 위수 강변에 거주하는 백성 사이에 섞여 살았는데 백성은 편안히 생업에 종사하였고 병사들은 사사로운 이익을 구하지 않았다. 위나라와 서로 대치한 지 백여 일이 지났다.

이해 8월에 제갈량이 병이 들어 군대 안에서 죽었다. 당시 54세였다.

촉나라의 군대가 후퇴하자 사마의가 제갈량의 군영과 보루, 거처를 일일이 살펴보고는 말했다.

“천하의 기이한 천재로다!”

제갈량이 임종할 때 한중의 정군산에 묻어달라고 유언했다. 산에 의지하여 묘를 만들되 묘는 관을 넣을 정도로만 하며, 염할 때는 평소 입던 옷으로 하고 제사용품은 쓰지 못하게 했다.

『삼국지』의 편찬자 진수(陳壽)가 저작랑으로 있을 때 시중과 관내후가 상주하여 진수에게 제갈량의 일을 정리하도록 상주하여 진수는 그가 올린 글에서 말했다.

"제갈량은 어려서부터 남다른 재능과 영웅다운 기개를 지녔으며 용모는 위엄이 있었으므로 당시 사람들이 그를 범상치 않은 인물로 평했습니다. 한나라 말 전란을 만나 작은아버지를 따라 형주로 들어가서 몸소 밭을 갈며 입신양명을 바라지 않았습니다. 좌장군 유비가 제갈량이 특별한 재능을 갖춘 인물이라 생각하고 그를 세 번 찾아갔습니다. 유비가 제갈량을 승상에 제수하고 그가 죽자 유선이 어린 나이에 나약하므로 큰일이든 작은 일이든 모두 제갈량이 결정하게 했습니다. 제갈량은 법령을 제정하고 제도를 실행했으며 군대를 정비하고 기계나 기술은 정교하고 세밀한 수준까지 이르기를 추구했다. 법령이 엄격하고 분명했으며 상을 주거나 벌을 주는 것이 반드시 적법했고, 악한 일은 반드시 징계하고 선한 일은 반드시 표창하였습니다. 관리가 되어서는 간교한 사람을 용납하지 않았고 사람들은 스스로 힘쓰며 길에 떨어진 것을 줍지 않았으며, 강자가 약자를 침해하지 않으므로 사회 기풍이 숙연해졌습니다. 그러나 제갈량의 재능은 군대를 통치하는 것에 뛰어났지만, 기이한 계책을 내는 것에는 이에 미치지 못했습니다. 백성을 다스리는 재능이 군사를 지휘하는 재능보다 나았습니다."

『삼국지』에서 진수가 평한 제갈량은 다음과 같다.

제갈량은 승상이 되어 백성을 어루만지고 예의와 법도를 보여주었으며 관직을 간략하게 하고 때에 알맞은 제도를 따랐으며 성실한 마음으로 공정한 정치를 펼쳤다. 충의를 다하고 시대에 이로움을 준 사람에게는 비록 원수라도 반드시 상을 주고, 법을 위반하고 태만한 자에게는 비록 가까운 사람일지라도 반드시 벌을 주었다. 죄를 인정하고 반성하는 마음을 가진 자에게는 무거운 죄를 지었다 하더라도 반드시 풀어주었으며, 진실을 말하지 않고 말을 교묘하게 꾸미는 자에게는 비록 가벼운 죄를 지었다 하더라도 반드시 사형으로 처벌했다. 선을 행하면 작은 일이라도 상을 주지 않은 적이 없고, 사악한 행동을 하면 사소한 것이라도 처벌하지 않은 적이 없었다. 여러 사무에 정통하고 사물의 근원을 이해했으며, 명분을 따르고 실질을 구하며 거짓만 일삼는 사람과는 함께하지 않았다. 그 결과 촉나라 사람은 모두 그를 존경하고 아꼈으며, 형법과 정치가 비록 엄격해도 원망하는 사람이 없었다. 이것은 마음을 공평하게 쓰고 상을 주고 벌을 주는 일을 분명하게 했기 때문이다. 그는 세상을 다스리는 이치를 터득한 뛰어난 인재로 관중, 소하와 비교할 만하다. 그러나 해마다 군대를 움직이고도 성공하지 못한 것은 임기응변의 지략이 그의 장점이 아니었기 때문인 듯하다.

제갈량은 전쟁을 수행하기보다는 나라를 다스리는 정치적 재능이 뛰어났다는 결론이다. 후주 유선에게 북벌의 당위성 여섯 가지를 펼치면서 선제 유비의 유업을 완수하겠다는 비장한 각오와 의지를 드러낸 문장 「후출사표」에서 "나라를 위하여 온 힘을 다하여 죽은 후에야 그만둘 것이다"라는 '국궁진췌(鞠躬盡瘁), 사이후이(死而後已)'라고 하여 그의 국가에 대한 충성을 알 수 있는 동시에 법의 분명하고 공평한 집행과 죄인을 벌주고 선한 사람을 상주고 선양하는 선악의 확실한 선택적 사랑은 관리의 모범이라고 말할 수 있다. 살아생전이나 죽어서도 검소한 삶의 본보기를 보여 백성들의 존경을 받았고, 지금도 중국인은 그를 칭송하고 있다.

제갈량을 기념하는 무후사(武侯祠)는 쓰촨성 청두(成都)와 후베이성 한중(漢中) 두 곳에 있다. 청두에 있는 무후사는 원래 유비를 기리는 한소열묘(汉昭烈庙)가 있는 곳에 무후사를 합쳤는데도 무후사라고 했다. 한중의 무후사는 그의 유언대로 정군산(定軍山) 아래에 있다.

13

황금을 받지 않은 전예

전예(田豫)는 삼국 시대 위나라의 청렴한 장수였다. 『삼국지』에 기록하길, 청렴하고 검소하였으며, 전투에서 공을 세워 그에게 내린 상은 모두 부하 장수와 병사들에게 나눠주었다고 기록하였다. 이민족이 그에게 재물을 보내면 그는 장부에 기록하고 관청 창고에 보관하고 집에는 작은 물건 하나라도 가져가지 않을 정도로 청빈했다. 『삼국지』 배송지의 주에 '불수회금(不收懷金)'이란 고사가 기록되어 있다. 선비족 소리(素利) 부족이 항상 전예에게 소나 말을 예물로 보내면 이 예물을 모두 관청에 보냈다. 이 부족의 사절이 전에 전예에게 보낸 예물도 훌륭했지만 황금만 못하다고 여겨 몰래 30근의 황금을 숨기고 전예에게 말했다.

"장군님 주변의 시종을 물리쳐 주시기 바랍니다. 드릴 말씀이 있습니다."

전예가 시종을 물러가게 하자, 부족 사절이 무릎을 꿇고 말했다.

"우리는 당신이 청빈하다고 해서 소와 말을 보냈지만, 당신은 그것을 관청에 보냈습니다. 지금 몰래 황금을 줄 것이니 집 재산으로 쓰시기 바랍니다."

전예는 그들 앞에서 거절하면 평화 분위기를 망칠까 두려워 그대로 황금을 받고 호의에 감사했다. 부족 사신이 돌아간 뒤에 전예는 즉시 30근의 황금을 관청 창고로 보냈다.

위문제 조비가 이 소식을 듣고 조서를 내려 전예를 표창하며 말했다.

"춘추시대 때 위강(魏絳)이란 사람이 있었는데 융족과 사이좋게 지내 그들이 보낸 황금을 받았소. 그대도 선비족이 보낸 황금을 받아 그들과 우호 관계를 유지하면 좋은 일이 아니겠소."

위문제는 그에게 상으로 비단 5백 필을 하사했다.

전예는 관청의 작은 창고의 반을 공을 세운 장수와 병사에게 나눠줬고, 또 그 반을 이민족에게 보내 그들이 황금을 보낸 마음에 보답했다.

그의 집은 항상 가난하고 물건이라고는 없었다. 사람들 모두 전예의 지조가 높다고 생각했다.

전예(171-252)는 처음에는 유비에게 몸을 의탁했고 유비는 그가 기이한 인물로 여겼으나 유비가 예주 자사로 있을 때 그는 모친이 연로하여 귀향하였다가 후에 공손찬에게 의지했다. 공손찬의 장수 왕문(王門)이 공손찬을 배반하고 원소를 위해 공격해 오자, 전예가 성 위에서 그에게 말했다.

"그대는 공손찬에게 후한 대접을 받고도 떠났소. 대체로 손에 쥘 정도의 작은 병에 들어갈 지혜를 가진 자는 그 병을 다른 사람에게 주지 않고 지키는 법이오."

왕문은 참회하고 물러갔다.

공손찬이 패하자 선우보(鮮于輔)가 태수의 권력을 대신 행사하였다. 그는 평소 전예를 중히 여겼으므로 관리로 임명했다. 전예가 선우보에게 말했다.

"천하를 안정시킬 사람은 분명 조조일 것입니다. 당장 그에게 귀순하여 복종하십시오."

선우보는 전예의 권유를 받아들였다. 조조는 전예를 불러 등용하고 태수 자리에 앉혔다.

대군(代郡) 정벌 때 전예는 상(相)으로 임명되어 호인(胡人)을 물리치고 대군을 평정했다. 전예는 남양 태수로 승진했다. 후음(侯音)이 반란을 일으켜 산속에서 강도가 되었는데 전예가 후음의 무리를 체포하자 이전 태수가 그들을 사형에 처해야 한다고 상주했으나 전예는 죄인들을 하나씩 만나 위로하여 깨우쳐 주고 새 길을 열어 살도록 일시에 형틀을 부수고 돌려보냈다. 죄인들은 모두 머리를 조아리며 따르기를 원했다. 도적 떼가 다 흩어지자 남양군은 안정되었다. 조조가 전예를 높이 평가했다.

전예는 변방을 잘 지켰는데, 오환(烏桓)의 왕 골진(骨進)의 목을 베어 명성과 위세를 크게 떨쳤다. 또 청룡 2년(234년)에는 손오와의 전쟁에 참여하여 합비 신성(新城)에서 10만 대군을 이끈 손권을 공격하여 물리쳤다. 정동장군 만총이 신성을 구원하려고 가려 하자 전예가 말했다.

"적이 성을 공격하게 하여 그들의 예기를 꺾어야지 그들과 함께 싸우면 안 됩니다. 성은 공략될 수 없고 적의 군대는 반드시 피로하게 될 것입니다. 그들이 지친 다음에 공격하면 크게 이길 수 있습니다. 만일 아군의 계획을 안다면 반드시 성을 공격하지 않을 것이며, 스스로 달아나는 형세가 될 것입니다. 만일 병사에게 적을 공격하게 하면, 적의 계책에 휘말리는 것입니다. 또 대군이 서로 대치하여 싸울 때는 마땅히 적이 아군의 행동을 알기 어렵게 해야지, 적의 계획대로 행동해서는 안 될 것입니다."

전예의 계책대로 하여 오나라 병사는 물러났다. 밤에 군사들이 놀라며 소리쳤다.

"적이 쳐들어옵니다!"

전예는 자리에 누운 채로 일어나지 않고 군사들에게 말했다.

"감히 움직이는 자는 머리를 벨 것이다!"

얼마 후 적은 물러나 다 없어졌다.

처음 전예가 태수 신분으로 청주를 감독할 때 청주 자사 정희(程 喜)는 전예에게 복종하지 않았고 군사 일도 서로 의견이 달랐다. 정희는 황제가 진주를 좋아한다는 것을 알고 몰래 보고했다.

"전예는 비록 전공은 있지만, 부하들에게 관대하여 금지하는 명령이 느슨합니다. 노획한 진주와 금이 매우 많은데 모두 병사에게 나누어 주고 관에 바친 것은 없습니다."

전예의 전쟁에서의 공적은 기록되지 않았다.

국경 밖 이민족은 전예의 위세와 명망을 듣고 서로 솔선하여 와서 헌상했다. 주의 경계 안은 편안하고 조용해졌으며 백성들은 전예를 마음에 품었다.

후에 조정에서 전예를 위위(衛尉)에 임명하려고 하였으나 그는 여러 차례 퇴직을 청했다. 태부 사마의는 그가 아직은 건강하다고 생각하고 거절했다. 전예가 말했다.

"나이가 일흔이 넘었는데도 자리를 차지하고 있는 것은 마치 물시계 종이 울리고 물이 다 떨어졌는데도 밤에 쉬지 않고 가는 것과 같으니 이것은 죄입니다."

전예는 병에 걸렸다면서 사직하겠다고 고집을 부렸다. 관직은 태중대부(太中大夫)에 이르렀고 장락정후(長樂亭侯)에 봉해졌다. 나이 82세에 세상을 떠났다.

가평 6년(254년) 조서를 내려 전예를 포상하고 세상에 그의 이름을 알렸으며, 그의 집에 돈과 곡물을 하사했다.

14

배에 돌을 싣고 귀향한 육적

　삼국 시대 오나라 손권이 정사를 맡게 되자, 208년에 육적(陸績)을 초빙하여 상주하는 일을 맡은 주조연(奏曹掾)에 임명했다. 그러나 직선적인 태도가 다른 사람들에게 반감을 사서 지방으로 보내져 울림(鬱林), 지금의 광서(廣西)성 귀항(貴港)의 태수에 임명했고 편장군이 더해져서 병사 2천 명을 통솔하게 했다. 그러나 육적은 다리에 질병이 있었고, 학문에 뜻을 두었으므로 병사를 인솔하여 싸우는 것은 그가 지향하는 바가 아니었다.

　울림은 당시에 지금의 계림, 오주(梧州) 등의 오늘날의 광서성 대부분의 광활한 지역을 통치하였다. 울림의 태수를 역임하고 다음 임지로 떠날 때는 대부분 값나가는 재물을 가득 싣고 돌아갔다. 그러나 육적이 자기 고향으로 돌아가는데 가지고 갈 것이 하나도 없었다. 뱃사공이 화물이 너무 가벼운 것을 보고 육적에게 말했다.

　"배가 텅 비어 풍랑을 만나면 쉽게 배가 뒤집힙니다. 당신 식구는 넷인 걸로 아는데 어찌 가진 것이라곤 일게 가난한 선비만도 못하십니까. 배가 가려면 중량이 나가는 물건을 더 실어야 합니다.”

그래서 육적은 소금에 절인 채소와 삶아서 말린 죽순을 배에 실었다. 배의 흘수가 낮아 배가 앞으로 나아갈 수가 없었다. 마음이 급해 갑자기 생각이 떠올라 강가의 돌을 보고 족히 수백 근은 될 것 같아 배에 싣게 하였다. 비로소 배가 멀리까지 갈 수 있게 되었다. 배가 고향에 도착하고 소식이 전해지자, 고향 사람들은 그 돌을 보관하고 시를 지어 그를 칭송하고 그 돌을 ‘염석(廉石)’이라고 명명했다.

육적(188년-219년)은 오군(吳郡) 오현(吳縣), 지금의 강소 소주 사람으로 동한 말경의 대신이며 여강태수 육강(陸康)의 아들이다. 박학다식했으며 특히 천문역법에 통달하여 『혼천도(渾天圖)』를 남겼다. 또 『주역』에 주를 달았고, 『태현경주(太玄經注)』를 편찬하였다. 건안 24년(219년)에 32세의 나이로 세상을 떠났다.

육적은 ‘육적회귤(陸績懷橘)’의 성어로 유명하다. 어린 육적이 선물로 받은 귤을 먹다가 어머니 생각이 나서 몰래 귤을 숨겼다는 고사이다. 육적은 어려서 총명하고 예절을 알았으며 효성이 지극하여 어른을 존중했다. 6세 때 구강에서 원술을 알현한 적이 있었는데 원술이 그에게 귤을 선사했다. 당시에는 귤이 무척 귀했다. 육적이 3개를 몰래 남겨 품에 숨기고 돌아가려다가 그만 귤을 땅에 떨어뜨렸다. 원술이 이유를 묻자, 육적이 말하길 모친께 드려서 맛보시게 하려고 했다고 말했다. 원술이 그의 효성에 크게 놀라워했다. ‘회귤유모(懷橘遺母)’라는 이 고사는 정사 『삼국지』 「오서(吳書)」 <육적전>에 기록되어 있고, 원대 곽거경(郭居敬)이 편찬한 『이십사효(二十四孝)』에 나온다.

오대(五代) 남한(南漢) 때 귀주(貴州), 지금의 광서성 귀항(貴港)의

판사(判史) 유박고(劉博古)가 육적이 모친에게 맛보게 하려고 귤을 숨긴 그의 효성을 기념하기 위해 우물가에 귤나무 한 그루를 심었는데, 육공정(陸公井) 혹은 귤정(橘井)이라고 했다. 대대로 이곳 남강촌(南江村)에 사는 황씨 성을 가진 토착민은 이 우물을 회귤정(懷橘井), 이 지역을 회귤방(懷橘坊)이라고 불렀다. 명대 귀현의 학사(學使) 유절(劉節)이 육공정에 회정루(懷情樓)를 건립하기도 했다. 청대 광서 34년(1908년) 귀현(貴縣) 지현(知縣)으로 부임한 광동 동완(東莞) 사람 장항(蔣航)이 포산(布山) 고성 일대를 귤정명구(橘井名區)로 지정하였는데 그가 세운 패루(牌樓)가 지금도 남아 있고 여기에서 멀지 않은 동쪽에 귤정이 있다.

『삼국지연의』제43회에 적벽에서 촉과 오의 연합군이 위나라 조조의 대군을 맞아 싸우기 이전에 제갈량이 오나라와 연합하여 조조의 대군을 물리치기 위해 오나라의 여러 선비를 설득하는 장면에서 오나라 선비 중의 하나로 육적이 등장한다.

설종은 얼굴에 부끄러워하는 빛이 가득하여 더는 제갈량에게 대답하지 못한다. 자리에 있던 또 한 사람이 제갈량에게 물었다.

"조조가 비록 천자를 끼고 제후를 호령한다고 하지만 상국 조참의 후손이오. 유예주 [유비]께서는 비록 중산정왕의 후예라고는 하지만 알 길이 없고 단지 돗자리를 짜고 짚신이나 팔던 사람이 분명할 뿐인데 어찌 조조와 맞설 수 있겠소!"

공명이 그를 보니 바로 육적이었다. 공명이 웃으면서 말했다.

"공은 원술의 자리에서 귤을 품은 육랑[육적]이 아니시오? 편안하게 앉아서 내 말을 들어보시오. 조조가 조상국의 후손이라면 대대로 한나라 신하이거늘, 지금 권력을 독점하고 난폭하게 도리에 어긋나는 행동을 일삼고 제멋대로 천하를 업신여기니, 이것은 군주를 기만

육적과 염석

할 뿐만 아니라 자기 조상의 명예도 훼손하는 것으로 한나라 황실을
어지럽히는 신하이기도 하면서 또한 조씨 집안의 불충하고 불효한
사람이라고 할 것이오. 그러나 유예주께서는 당당한 황제의 후예로
황제께서 족보에 따라 작위를 하사하셨으니 어찌 알 길이 없다고 말
씀하시오? 게다가 고조 [유방]께서는 10리마다 설치하여 치안을 맡
은 정장(亭長)의 신분으로 일어나 끝내는 천하를 소유하셨는데 돗자
리를 짜고 짚신을 파는 것이 어찌 욕된다고 말하시오? 공의 어린아
이와도 같은 견해는 지조 높은 나와 같은 은사와 더불어 이야기를
나누기에는 부족한 듯하오!"

육적은 할 말을 잊었다.

『삼국지연의』는 소설이고 실제 역사에서는 제갈량이 동오의 모사

들과 논쟁을 벌인 기록은 없다. 하지만 당시 동오 모사들의 견해를 적은 기록은 있다. 정사『삼국지』「오서」<오주전(吳主傳)>에 "논의하는 사람 대부분은 조조를 맞아들여 항복하라고 손권에게 권유했다. 주유와 노숙만이 조조에게 대항하자고 주장하여 손권과 뜻을 같이했다"라고 하였고, <노숙전>에도 유사한 기록이 보인다. 또 배송지 주『강표전(江表傳)』과『자치통감』권65「한기(漢紀)」57에 조조가 손권에게 편지를 보내 수군 80만 명을 정비하여 손권과 오 땅에서 사냥이나 하자고 말하자, 손권이 편지를 군신들에게 보여주니 놀라며 새파랗게 질리지 않는 자가 없었다고 하였다.

15

뒤늦게 개과천선한 청렴한 충신 주처

'극기봉공'은 어떤 때는 자신의 결점을 바로 직시할 수 있게 해주는데 이전의 잘못을 통감하고 고친 다음 정의에 불타고, 언행에는 자신을 다하고 믿음이 있으며, 몸은 국가에 헌신하는 정신자세를 나타내는 말이다.

주처(周處)는 약관의 나이에 사람됨이 급하고 거칠었으며 행동하기도 전에 시비곡직을 가리지도 않고 팔을 치켜들며 주먹을 휘둘러 마을 사람들이 그를 두려워하고 원망하여 그가 보이기만 하면 멀리하며 피하였다. 사람들은 그를 지역의 세 가지 폐해 중의 하나라고 여겼다. 호랑이와 교룡 외에 바로 자신이었다. 후에 주처는 자신을 고치기로 다짐한다. 그는 특별히 오현, 지금의 강소성 소주로 달려가서 대장군 육손의 손자 육기(陸機), 육운(陸雲)을 방문하였다. 당시에 육기는 집에 없었고 육운만 만났다.

주처는 자신을 육운에게 알렸다.

"내가 스스로 수양을 하려고 하였으나 나이가 너무 많아 시기를 놓쳐서 미치지 못할까 걱정된다."

자신이 잘못을 고쳐서 새롭게 태어나고 싶다는 소위 '개과천선'하고 싶은데 나이가 많아 때를 놓쳐서 이미 좋은 일을 할 수 없을까 두렵다는 말이다.

육운이 그렇지 않다며 말했다.

"옛날 사람은 아침에 깨닫고 저녁에 고치는 것을 귀하게 여겼으니 그대의 앞날은 아직 밝은데 뜻이 세워지지 못할까 걱정하며 명예가 드러나지 않을까 근심하느냐!"

육운의 "아침에 도를 들으면 저녁에 죽어도 후회하지 않는다"라는 말은 『논어』「이인(里仁)」에 나오는 "아침에 도(道)를 들으면 저녁에 죽어도 괜찮다"라는 공자의 말에서 온 것이다.

주처는 과거의 잘못을 고쳐서 각고의 노력으로 공부에 전념했다고 한다. 그가 책을 읽던 곳이 지금까지 유적으로 남아 있는데 지금의 남경 중화문 내 동쪽의 누호두(婁湖頭)이다.

주처는 문학적 재능이 뛰어나고 정의감이 투철하며 자제하며 남에게 관대했으며 말할 때는 반드시 성실하게 마음을 다하여 남을 속이지 않았다. 그의 명성이 날로 크게 높아져 주의 관리 군수들 모두 그를 초청해서 관직을 주었는데 처음에는 손오의 동관좌승(東觀左丞), 무난독(無難督)이었다.

주처는 이후 30년간 신평(新平), 지금의 섬서성 빈현(彬縣)의 태수, 광한(廣漢), 지금의 사천성 사홍(射洪)의 태수, 산기상시(散騎常侍)와 어사중승(御史中丞)을 역임했다. 그가 항상 몸을 굽혀 자성할 수 있었기 때문에 업무에 큰 성과가 있었다. 예를 들면, 그가 신평 태수로 있을 때 비 한족들과 관계가 좋았고, 광한 태수로 있을 때 청렴하고 바른 정치를 하여 30년 동안 질질 끌던 미해결 현안을 정확하게 처리했다. 어사중승을 맡은 이후로 법을 산처럼 엄격하고 단호하게 집행하였고 권세가나 귀족을 피하지 않았는데, 양왕(梁王) 사마동(司馬肜)이 법률을 위반하자 그의 죄상을 열거하며 조목조목 조정에 보고하고 처벌을 요구했다. 후에 양왕 사마동은 사적인 복수를 위해 반란을 일으킨 제만년(齊萬年)을 토벌할 때 직권을 이용하여 고의로 주처가 선봉에 서게 하고 어떠한 지원도 해주지 않았다.

주처는 이번 원정이 반드시 실패할 것으로 알고 시 한 수를 지었다. "세상사는 이미 다 지나갔고, 말 채찍질하며 서쪽의 오랑캐 바라보네. 명아주 잎과 콩잎에 기장밥은 달고, 공격하여 전쟁을 끝내리라."

말을 재촉하며 창을 비껴들고 군사를 지휘하며 전진하고 아침부터 저녁까지 싸워 적의 수급을 수없이 베었는데 최후에는 전사하고 말았다.

주처는 비록 죽었지만, 그는 개과천선과 극기봉공의 인품과 도덕은 외려 후세에 큰 영향을 끼쳤다.

주처(236-297)는 동오, 서진 교체기의 대신이자 장수였다. 의흥(義興), 지금의 의흥(宜興) 양선(陽羨) 사람이다. 그는 약관이 되기도 전에 힘이 장사여서 제멋대로 행동하여 나쁜 짓을 일삼았다. 향민들이 남산의 호랑이, 서궤(西氿)의 교룡 그리고 주처를 합쳐 양선성(陽羨城)의 세 가지 폐해라며 싫어하였다. 그는 동오(東吳) 파양(鄱陽) 태수의 아들이었지만, 부친이 아들 주처에게 마을 사람에게 큰 피해를 준다는 사람들의 소문을 알려주면서 이 세 가지를 없앤다면 고을의 경사라고 말하자, 주처가 이 말을 듣고 크게 깨닫고 산으로 들어가 활로 호랑이를 쏘아 죽이고 물속에 들어가 3일 동안 교룡과 싸워 없앴다. 이러한 주처의 '개과자신(改過自新)', 즉 '개과천선(改過遷善)' 의 역사적 사실은 후세 사람들에게 감동을 주어 '주처제삼해(周處除三害)' 전설로 전해졌는데, 명대에 『교호기(蛟虎記)』라는 희곡 작품으로 창작되어 지금까지도 경극에서는 『제삼해(除三害)』로 상연되고 있다.

주처는 그 후 육기, 육운의 가르침을 받고 각고의 노력으로 문무를 겸비하여 조정의 중용을 받았다. 그는 조정에서 청렴한 관리가 되어 권세가를 두려워하지 않아 조정의 대신들에게 배척을 받았다. 서진 원강(元康) 6년(296년)에 건위(建威) 장군이 되어 서쪽으로 정벌을 가서 강족(羌族)을 물리쳤다. 『세설신어』 「자신(自新)」에서 "주처는 젊었을 때는 성질이 매우 난폭하여 마을 사람들의 근심거리였고, 또 의흥의 강 속에 교룡이 있었고, 산속에는 배회하는 호랑이가 있어서 모두 백성들에게 큰 피해를 주었는데 이를 두고 고을 사람들은 삼횡(三橫)이라고 불렀지만, 그 가운데 주처의 피해가 가장 심했다. 주처는 호랑이를 찔러 죽이고 교룡을 죽이려고 3일 밤낮으로 싸웠는데 마을에서는 주처가 죽은 줄로 알고 서로 축하했다. 주처는 마침내 교룡을 죽였는데 마을 사람들이 서로 축하는 소리를 듣고서는 비로소 자신이 사람들의 근심거리였다는 것을 알게 되어 스스로 잘못을 고치겠다는 뜻을 품었다"라고 하였고, 명성을 드날리지 못할까 걱정하기보다는 뜻을 세우지 못하는 것을 근심하라는 육운의 충고를 듣고는 "개과천선하여 결국에는 충신이며 효자가 되었다"라고 하였다. 이듬해에 육맥(六陌), 지금의 섬서성 건현(乾縣)에서 전사하였다. 평서(平西) 장군이 추증되었고 시호는 효(孝)이다.

16

청렴한 호씨 부자

삼국과 서진 초, 호질(胡質)과 호위(胡威) 부자는 청렴함으로 세상에 유명했다. 위문제 때 호질은 광동 동완의 태수, 호북 형주의 자사를 지냈고 후에 진위장군(振威將軍)에 봉해졌으며 관내후 관직을 하사받았다. 그의 아들 호위는 진무제 때 청주의 자사에 임명되었다.

호질은 조조가 정권을 잡았을 때 눈에 띄지 않았으나 후에 높은 자리에 올랐어도 아부하지 않고 뇌물을 바치지도 않았다. 자신의 청렴결백과 공명정대함, 그리고 근면한 정무태도만으로 공적을 쌓았다. 위문제 조비가 등극했을 때 호질은 동완의 태수가 되었고 그는 9년 동안 인화의 정치에 힘써 위아래 관리들이 그를 칭송하였다. 형주 자사 때 그의 공적이 탁월하였다. 호질이 병사했는데 집안에 남은 재산이라고는 오로지 거친 베옷 한 벌과 책상뿐이었다.

호위는 부친 호질의 영향을 받아 어려서부터 부친의 청렴한 정신을 이어받을 뜻이 있었다. 어느 날, 호위가 형주에서 자사로 있을 때 부친을 뵈러 간 적이 있었다. 집은 부유하지 않아서 수레를 끌 말조차 없었고 시종도 없었다. 할 수 없이 호위는 나귀를 타고 혼자 갔다. 도중에 객잔에 묵게 되었을 때 호위는 땔나무를 직접 구하여 쪼개고 밥을 지어 먹었다. 객잔 주인이 그가 자사의 아들이란 말을 전해 들은 후 놀라지 않을 수 없었고 흠모하지 않을 수 없었다. 형주에서 며칠을 묵은 후 호위는 부친에게 작별인사를 하자, 호질은 아들에게 한 필의 비단을 주었다. 호질은 떠나는 아들을 보고 감개무량하게 말했다.

"네 부친은 비록 자사이지만, 내 일생 봉록으로 먹고살았으니 이 비단을 여비로 써라."

비단을 본 아들 호위는 뜻밖에도 감사히 여기지 않고 오히려 부친을 나무라듯 말했다.

"사람들은 아버님이 청렴결백하다고 말들을 합니다. 관리로서 재물에 욕심이 없고 탐관오리에 물들지 않았다고 하는데 이 비단은 어디서 난 것입니까?"

호질이 어리둥절하다가 곧 대답했다.

"내가 절약해서 남긴 것이다. 혹시 네가 오면 여비로 쓸 수 있도록 조금씩 봉록에서 모은 것이다."

호위는 비로소 마음을 놓았다.

후에 호위는 서주와 청주의 자사 등의 관직을 맡았는데 그의 부친처럼 청렴결백하고 스스로 자제하며 사적인 일은 그만두고 공적인 일에만 힘썼다.

진무제 사마염은 호씨 부자의 청렴한 관리로서의 모범 미담을 전해 들은 후에 호위를 불러 두 부자의 청렴하고 공무에 힘쓴 공적을 크게 칭찬하였다.

태강 원년(280년), 호위가 청주 자사 임기 중에 죽자 조정에서는 그의 청렴한 관리로서의 공적을 공으로 진동장군(鎭東將軍)을 하사했고 시호는 열(烈)에 봉했다. 열은 강직하고 고귀한 품격을 상징한다.

호질(?-250년)은 삼국 시대 위나라 대신이었다. 그가 젊어서 장제(蔣濟), 주적(朱績)과 함께 장강과 강회 일대에서 유명했다. 일찍이 촉나라와 오나라 연합군이 적벽 전투에서 조조를 물리치고 형주 땅을 강제로 점령하여 촉과 오나라 사이가 벌어진 상태에서 관우가 번성과 양양을 포위했을 때, 장제는 사마의와 함께 조조에게 포위를 풀 수 있는 계책을 세우는 동시에 손권이 관우를 포로로 붙잡는 성과를 얻게 한 인물이다.

조조가 회남의 백성을 이주시키려고 하자, 장제가 회남의 백성들이 이를 싫어하며 불안해할 것이라며 반대했으나 조조는 그의 말을 듣지 않았다. 그 결과 장강과 회수 일대의 백성 십수만 명이 모두 놀라 오나라로 도주했다. 조조가 장제를 단양 태수로 승진시켰다. 백성 중에 장제가 반란을 주도했다고 무고한 자가 있어도 조조는 어리석은 자가 그를 골탕 먹이려는 짓이라며 그를 풀어주도록 했다.

조조가 장제를 초빙하여 승상의 주부, 서조속(西曹屬)으로 임명하고는 관리의 포상과 처벌을 할 때 알맞게 하는 것을 기대했다.

관우가 번성과 양양을 포위하자, 조조는 한헌제가 있는 허창이 적과 가까운 거리였으므로 수도를 옮기려고 하였다. 장제는 사마의와 함께 조조에게 계책을 말했다.

"유비와 손권은 겉으로는 친해 보이지만 속으로는 소원합니다. 관우가 생각한 대로 얻는 것을 손권은 전혀 원하지 않을 것입니다. 관우의 배후를 습격하게 하고 장강 이남을 분할하여 손권에게 봉하시면 번성의 포위는 저절로 풀릴 것입니다."

유비가 촉 땅을 평정했을 때, 손권은 제갈근을 시켜 형주를 돌려

달라고 요구했지만, 유비는 양주를 점령한 다음에 형주를 오나라에 돌려주겠다고 시간을 끌었다. 오나라로부터 영원히 형주를 빼앗으려는 것을 관우에게 일임한 것이다.

조조는 장제의 말대로 했다. 손권은 이것을 듣고 즉시 군사를 이끌고 서쪽으로 가서 여몽을 보내 공안을 습격하게 하고, 손권은 사자를 맥성으로 보내 관우의 항복을 권유하게 했다. 반장의 사마 마충이 관우를 붙잡았고 형주는 평정되었다. 마침내 손권이 관우를 죽였다.

장제가 별가가 되자 조조를 만나게 되었다.

조조가 그에게 물었다.

"호통달(胡通達)은 장자인데 어찌 자손이 없는가?"

"호질이란 자식이 하나 있습니다. 그는 큰 계책을 헤아리고 꾸미는 것에는 부친만 못하지만, 세심하고 바르게 일을 처리하는 면에서는 부친을 능가합니다."

조조는 즉시 호질을 불러들여 돈구(頓丘), 지금의 호북 관도(館陶)의 영(令)으로 삼았다.

장군 장료(張遼)는 그의 호군(護軍) 무주(武周)와 사이가 나빠졌다. 장료는 무주 대신 호질을 초빙했으나 호질은 병을 핑계로 사양했다. 장료가 호질에게 말했다.

"내가 그대를 중용하려고 했는데 어찌 호의를 저버리는 것이오?"

호질이 대답했다.

"무주는 바른 사람이고 과거에는 장군이 그가 훌륭하다며 끝없이 칭찬하였으나, 지금은 노여운 눈으로 원한을 품고 서로 바라보아서 미워하는 사이가 되었습니다. 하물며 저는 재능이 적은데 어떻게 좋은 관계를 끝까지 유지하겠습니까? 그래서 저는 원하지 않는 것입니다."

장료는 그의 말에 감동하여 다시 무주와 친하게 되었다.

조조가 호질을 초빙하여 승상속(丞相屬)으로 삼았다.

황초 연간에 이부랑(吏部郞), 상산 태수, 동완 태수를 역임했다.

호질은 매번 전쟁에 나가 공을 세워 상을 받았으나, 모두 따르는 무리에게 나누어 주고 집에는 가져가지 않아 집안에 재산이 하나도 없었다. 호질은 군에서 9년을 재직했는데 관리와 백성이 편안했고 모두 생업에 종사할 수 있었다. 장수들도 명령에 복종했다.

농업을 널리 권장하고 곡식을 비축하여 몇 년 동안 양식을 저장하고 동정대(東征臺)를 설치하여 한쪽으로는 경작하며 다른 한쪽으로는 군사 방비에 사용하였다. 그는 각 군에 이르는 수로를 개통시켜 배가 왕래하기 편리하게 하는 동시에 동오의 공격을 방비하였다. 그래서 연해 일대는 아무 일이 없었다.

호질은 성격이 침착하고 성실하며 안으로 성찰하여 자신의 절개와 지조로 다른 사람을 시험하지는 않았다. 따라서 그가 재임한 곳의 백성들은 모두 그를 추대하고 사랑하였다.

가평(嘉平) 2년(250년)에 죽었는데, 집에는 남아 있는 재산이 없었다. 하사받은 옷과 책상뿐이었다. 군사(軍師)가 이러한 상황을 듣고서 보고하니, 조정에서는 그를 양릉정후(陽陵亭侯)로 승진시켜 봉하고 식읍 100호를 주었으며 시호를 정후(貞侯)라고 하였다. 이것을 아들 호위가 이어받았다.

가평 6년(254년)에 조서를 내려 서막(徐邈), 호질과 전예(田豫)의 청렴하고 바르며 절개가 굳고 검소했던 행위를 추모하여 세 사람 집안에 곡물 2천 곡(斛)과 30만 전을 하사했고 이를 세상에 알렸다.

호위는 함희 연간에 관직이 서주 자사에 이르렀으며, 뛰어난 치적을 쌓아 세 곳의 군수를 역임했고, 부임하는 곳마다 명성을 날렸다.

17

정치적 치적이 뛰어나고
지조를 지킨 서막

　서막(徐邈 171년-249년)은 술에 취해 세상에 알려졌다고 하는 인물로 유명하나 정치적 업적도 뛰어났다.

　조조가 금주령을 내렸을 때 술에 취해 벌을 받아야 했지만, 자신은 성인(聖人)에 들어맞는다고 하자, 조조가 화를 냈고 요동의 장군 선우보가 진언하여 그를 변호했다.

　"평소 술에 취한 사람 중에 청주를 마신 사람을 성인, 탁주를 마신 사람은 현인이라고 이릅니다. 서막은 두텁게 성품을 수양한 자인데 이번에 우연히 취해서 한 말뿐입니다."

　서막은 형벌을 면했다. 후에 농서, 남안의 태수를 역임했다.

　조비가 즉위하여 태수 등의 관직을 역임했는데 부임하는 곳마다 칭송을 받아 관내후 관직이 내려졌다.

　태화 2년(228년), 위나라 명제 조예는 서막을 양주(涼州) 지사로 임명했다. 그가 부임할 때 제갈량이 기산을 공격했고 농우의 세 곳의 군이 모반했다. 서막은 곧 남안의 적을 공격하여 물리쳤다. 황하 서부는 비가 적어 식량이 부족하여 백성들이 고통을 받았다. 서막은 무위와 주천 일대 소금호수를 개척하여 적의 곡식과 바꾸고 수로를 개척하여 개간하고 가난한 평민을 모집하여 경작하게 하니, 가구마다 양식이 풍족해졌으며 창고는 곡식이 가득했다. 서막은 인의로 백성을 선도하고 학교를 세웠으며 성인의 교훈을 설명하며 성대한 장례를 금하였고 예법에 어긋난 제사도 폐지했으며 선량한 현인은 등용하고 흉악무도한 사람은 추방했으며 풍속과 교화를 크게 향상하자, 모든 백성이 그에게 마음을 의탁했다. 서역과 교류를 회복하여 멀리 있는 이민족들이 조공을 바치러 온 것은 모두 서막의 공이었다.

서막은 강족, 호족과 함께 일을 했는데 작은 과실은 문책하지 않았고, 큰 죄를 범하면 먼저 그들의 우두머리에게 알리고 마땅히 사형으로 처벌해야 하는 자는 참수하였고 수급을 각지 민중들에게 보여주니, 강족과 호족은 모두 서막을 믿고 복종하고 그의 위엄을 두려워했다.

조정에서 내린 상을 모든 장수에게 나누어주었으나, 집으로 가져가는 자는 없었다. 서막의 처자식은 옷과 음식이 충분하지 못했는데 이 소식을 천자가 전해 듣고 그의 집에 물품을 보내주었다. 서막이 불법을 저지르는 사람들을 추방하자 주의 경계는 소란이 가라앉고 평화로워졌다.

정시 원년(240년), 서막은 낙양의 조정으로 들어가 대사농에 임명되었다가 곧 사예교위로 전임되었는데, 조정의 대신들이 그를 공경하고 두려워했다. 정시 9년(248년)에 삼공의 하나로 조정에서 최고 위직인 사공에 제수되자, 서막이 탄식하며 말했다.

"삼공은 이치를 논의하는 자리인데 이에 적합한 사람이 없으면

비워놓아야 한다. 어찌 늙고 병든 사람이 여기에 기생할 수 있겠소."

마침내 받지 않고 고사하였다.

가평 원년(249년) 나이 78세에 대부의 신분으로 집에서 세상을 떠났다.

가평 6년(254년) 조정에서는 맑고 절개를 지킨 선비를 추모하며 조서를 내렸다.

"어진 이를 존경하고 덕행을 드러내는 것은 현명한 군주가 중시하는 것이고, 능력 있는 인재를 골라 가르치는 것은 공자가 찬미한 것이다. 서막, 호질, 전예는 모두 밖에서는 군대의 병마를 통솔하고 조정으로 들어와서는 모든 정무를 보좌하고, 공직에 있을 때는 충성하고 청렴하며 나라를 근심하고 사욕을 잊어 산업을 경영하지 아니하였으며, 죽은 후에는 집에 남은 재산이 없었다. 이 세 사람에게는 각각 그들의 자손 집에 곡식 2천 섬, 돈 30만 전을 하사하고 천하에 널리 알리도록 하라."

노흠(盧欽)은 서막을 칭찬하며 말했다.

"서막의 뜻은 숭고하고 행위도 고결하였으며 여러 방면에 재주가 많았고 기개는 용맹하였다. 그가 이러한 품성과 덕을 실행에 옮겼을 때 숭고하나 마음이 좁지 않았으며, 고결하나 외롭지 않았으며, 박학하나 약속을 지켰으며, 용맹하나 관용도 베풀었으니, 성인이 청렴은 실행하기 어렵다고 여겼으나 서막만은 쉽게 실행에 옮겼다."

그런데 어떤 사람이 노흠에게 물었다.

"서막은 조조 때는 통달했다고 하고 또 조정에 들어와서는 지조를 지켰다고 하던데 이것은 무엇 때문입니까?"

"옛날에 청렴하고 고상한 인물을 귀하게 여겨 당시에는 모두 수레와 옷을 바꾸어 고상한 명성을 추구했으나, 서막만은 일관된 풍모를 바꾸지 않기 때문에 사람들이 그가 통달했다고 여긴 것입니다. 근래 천하에 사치한 풍조가 횡행하여 서로 모방하고 영향을 끼치고 있으니, 서막만은 본래부터 스스로 그러하다는 것을 숭상합니다. 그러므로 이전의 통달이 오늘날의 지조를 지킨 것입니다. 이것은 세상 사람들은 변화무쌍하지만, 서막만은 자신의 일관된 규범이 있었던 것입니다."

서막의 "본래부터 스스로 그러하다"라는 말은 '자약(自若)'이란 말인데, 평소의 태도를 바꾸지 않는 것을 말한다. 지조를 지켰다는 것과 같다. 속세에서 사람들이 이해에 따라 이랬다저랬다 하는 것과는 다르다는 것을 뜻한다. 노흠은 서막을 평할 때 통달을 '통(通)', 지조를 '개(介)'라고 하였다. 또 '상(常)'은 일정하다는 뜻인데 일정함이 없는 것을 '무상(無常)', 일정함이 있는 것을 '유상(有常)'이라고 하였다. 노흠은 서막이 "유상했다"라고 평가했는데, 서막은 일정하여 변하지 않는 정해진 원칙에 따라 행동하여 사욕과 명예를 위해 아부하거나 지조를 버리는 것과는 달리, 마음이 변하지 않는 지조를 지킨 사람이라는 것이다. 그래서 "서막이 일관된 풍모를 바꾸지 않아서 그가 통달했다고 여겼다"라고 하였고, 이러한 자신의 분수를 넘어서서 세속에 영합하기 위해 자신의 분수를 넘어서서 권세가에게 아첨하고 뇌물을 바치는 행동을 꺼리지 않는 소인들이 사회를 들끓게 되는 것이다.

18

빈손으로 사직한 장량의 후손 **장범**

　유방을 보좌하여 천하를 얻는 데 큰 공을 세운 세 공신 가운데 하나였던 장량(張良)은 모반하여 '토사구팽'을 외치며 주살 당한 한신과는 달리, 관직을 버리고 은거하여 화를 면한 인물로 "멈출 때를 안다"는 '지지(知止)'의 지혜를 터득한 범려와 어깨를 나란히 하는 인물이다. 그러한 조상의 "뜻을 이룬 다음에는 벼슬자리에서 물러난다"라는 뜻의 '공성신퇴(功成身退)'를 넘어서서 관직에 아예 처음부터 뜻을 두려고 하지 않았던 장범(張範 ?-212년)이 바로 장량의 후손이다.

　장범은 사도 장흠(張歆)의 손자이고 태위 장연(張延)의 아들로 출신이 명문 세가 집안이었다. 태부 원외(袁隗)가 그러한 집안의 장범에게 자신의 딸을 처로 삼게 하려고 하였으나 장범이 거절하여 실패하였다.

　장범은 성격이 온화하고 조용하며 노장철학의 도를 터득하여 부귀영화와 재물을 좋아하지 않아 관직을 구하려고 하지도 않았으며 불러도 가지 않았다. 둘째 동생 장승(張承)이 동탁을 토벌하는 관동군에 가담하였고 셋째 동생 장소(張昭)가 의랑(議郎)이 되어 장안에 와서 장범에게 말했다.

"동탁에게 중과부적이고 농민을 이끌고 싸우려고 하나 전쟁 경험도 없고 훈련도 받지 않아 성공하기 어려우니 때를 기다려 행동하는 것이 낫습니다."

장승은 옳다고 여겨 인수를 풀고 고향으로 돌아가서 장범과 함께 양주로 피난하였다.

원술이 예를 갖추어 초청하여도 장범은 병을 핑계 대고 가지 않았다. 장범이 동생 장승을 보내어 원술을 만나보게 하자 원술이 물었다.

"지금 나는 영토가 넓고 병사와 백성들도 많아 이를 이용하여 제 환공과 같이 되고 싶고 고조 [유방]의 사직을 따라가 보려고 하는데 어떻소?"

천하의 패권을 차지하여 보겠다는 야심을 드러낸 것이다. 장승이 대답했다.

"이 일은 백성들에게 인덕을 행하느냐에 달려 있지, 세력의 강대함에 달려 있지 않습니다. 인덕을 이용하여 천하 사람들이 원하는 것을 함께하면 패왕의 위업을 이룰 수 있습니다. 만일 분수에 넘치게 제왕을 흉내 내어 시세의 흐름에 거역하여 혼란한 때를 이용하여 동쪽으로 향하면 결과적으로 민심을 잃게 될 뿐인데 누가 그러한 봉기를 따르겠습니까?"

원술은 기분이 상했다.

조조가 기주를 정벌하려고 하자 원술이 다시 장승에게 물었다.

"지금 조조가 피폐해진 병사 수천 명으로 나의 10만 대군을 상대하려고 하는데 조조 스스로 힘을 헤아리지 못한 것 같소. 그대는 어떻게 생각하시오?"

장승이 대답했다.

"천명은 바뀌지 않습니다. 조조가 천자를 끼고 천하를 호령하고 있으므로 백만 대군이라도 대적할 수 있습니다."

원술이 불쾌한 표정을 지었다. 장승이 원술을 떠났다.

조조가 기주를 평정하자 장범을 영접했다. 장범은 병을 핑계로 팽성에 남아 머물며 장승을 보내 조조를 만나게 하였다. 조조는 천자에게 상주하여 장범을 간의대부로 삼게 했다.

건안 13년(208년)에 조조가 장범을 의랑에 임명하고 승상의 군사에 참여시켜 그를 존중했다. 조조는 정벌 갈 때마다 항상 장범을 남겨 태자 조비와 함께 수도를 지키게 했다.

조비는 장범에게 아들로서의 예의를 갖췄다. 장범은 가난한 사람을 돕느라 집에 남아 있는 재물이 없었다. 도성 안팎의 고아와 과부들 모두 그에게 귀의하였다. 보내온 물품은 사용하지 않다가 그가 떠날 때 전부 돌려보냈다.

19

뇌물을 거절한 왕공

동진 때 왕공(王恭)은 대나무가 많이 자라는 강남의 회계에서 근무하고 건강으로 돌아갔다. 왕침(王忱)이 찾아와서 그가 깔고 앉은 대나무 자리가 마음에 들어 그것을 달라고 하였다. 그는 왕침에게 그것을 주고 자신은 풀로 엮은 짚자리에 앉았다. 왕침이 매우 놀라면서 말했다.

"그대가 회계에서 돌아왔으니 분명 대나무 자리가 많을 것으로 생각해서 하나 달라고 한 것이네."

왕공이 대답했다.

"그대는 날 잘 모르는구면, 나는 쓸모없는 물건은 남겨두지 않소. 지금 네게 남은 대나무 자리를 주었으니 이제 비로소 남은 물건이 하나도 없게 되었네."

후에 '무장물(無長物)'이란 말은 청빈하고 청렴함의 상징이 되었다. '신무장물(身無長物)'의 성어가 여기에서 나왔다.

백거이가 「소서(消暑)」라는 시에서 읊었다.

어떻게 무더위를 피할 수 있나?	하이소번서(何以消煩暑)
뜰 안에 앉아있으면 되지만.	단좌일원중(端坐一院中)
눈앞에 어떤 사물도 없으니.	안전무장물(眼前無長物)
창 아래 맑은 바람이 부네.	창하유청풍(窓下有淸風)
이때부터 몸을 보전할 수 있어.	차시신자보(此時身自保)
속세 사람과 같아지기 어렵다.	난경여인동(難更與人同)

'번(煩)'은 더위를 강조하는 동시에 마지막 행과 연결되어 속세의 특징을 나타내는 인간의 번뇌(煩惱)를 비유하는 말이다. 번뇌는 어디에서 오며 왜 인간은 그것으로 괴로워하는가? 인간의 번뇌라는 이 단어는 5행의 자신을 보전함이란 재물로부터의 속박에서 벗어나 얻어지는 희열을 뜻하며 또 무더위에서 벗어난 시원함과 같다. 무더위는 번뇌이며 속세의 재물이고, 시원한 바람은 무욕(無欲)이며 탈속(脫俗)한 지조이다. 재물로 상징되는 속세로부터 초탈할 수 있는 정신적 기쁨을 얻어야 진정한 자유다.

왕공(?-398년)은 동진 때 진양, 지금의 태원 사람으로 외척 대신이었다. 사도 왕몽(王濛)의 손자로 광록대부 왕온(王蘊)의 아들이며 진나라 효무제(孝武帝) 사마요(司馬曜)의 황후의 오빠다. 그는 청렴하고 지조가 남보다 뛰어나 정치를 보좌할 뜻을 품었다. 그는 당시에 동족 왕침(王忱)과 이름을 나란히 하였고, 유담(劉惔)을 흠모하였다.

왕침(?-392년)은 동진의 대신으로 집정자 사마도자(司馬道子)에게 총애를 받아 태원 14년(389년)에 사지절(使持節), 건무장군, 형주 자사를 지냈다. 왕공과 함께 한 시대에 명성을 떨쳤다. 세속에 구애받지 않고 술을 좋아했으며 자유를 구가하여 나체로 자연의 숲속을 돌아다니기도 하였다.

유담은 청담가(淸談家)로 세족 출신이며 영화(永和) 연간에 명사(名士)였다. 젊어서 정신이 맑고 뜻이 원대하며 훌륭한 태도를 갖추고 재주가 뛰어났다. 가난하여 짚신을 팔아 생계를 유지했지만, 승상 왕도(王導)만이 그를 중시하였고 점차 사회 지명도가 높아졌다. 후에 진명제(晉明帝)의 딸 여릉공주(廬陵公主)를 부인으로 맞이하였다. 영화 원년(345년)에 회계왕 사마욱(司馬昱)이 왕공의 조부 왕몽과 함께 유담을 중시하여 사도좌장사(司徒左長史), 시중, 단양윤(丹陽尹)이 되었는데 역사에서는 유윤(劉尹)이라고 칭했다. 노장철학을 좋아하여 자연을 숭상하였다. 그가 임종할 때 북을 치고 춤을 추며 제사를 지내자 그가 엄숙하게 말했다.

"제사를 남용하지 말라."

사람을 시켜 수레를 끄는 소를 잡아 제사를 지내려고 하자 그가 말렸다.

"나는 기도한 지가 오래되었다. 세상 사람들에게 폐를 끼치지 말라."

"기도한 지가 오래되었다"라는 말은 『논어』「술이」편에 나오는데, 공자가 병환이 위중해졌을 때 자로가 신에게 제사를 지내자 이를 말리면서 한 말이다. 기도란 원래 잘못을 뉘우치고 신에게 도움을 비는 것을 말한다. 평소의 행동이 진실로 이미 신의 뜻에 부합되므로 기도할 필요가 없다는 뜻이다. 유담도 죽으면서 하나도 남김없이 가져갈 것도 없고 남에게 폐도 입히지 않았으며 평소 자연과 일치하는 행동을 하였다고 생각하여 공자의 말을 인용하였다.

유담은 세상 사람들의 존경을 받았다. 당대에 이르러 『당회요』에는 '위진팔군자(魏晉八君子)' 중의 한 사람으로 사람을 볼 줄 아는 능력을 지닌 인물로 숭상을 받았다고 한다. '위진팔군자'란 위진(魏晉) 때 8명의 서로 다른 덕행 응력을 갖춘, 모두 시호가 숙후(肅侯)인 유명한 신하를 합쳐서 부르는 칭호이다. 여기에는 『삼국지』에도 등장하는 인물도 포함되어 있는데, 유담 외에 책략에 뛰어난 가후(賈詡), 충성스럽고 용감한 가규(賈逵), 백성을 다스리는 데 재능이 뛰어난 장기(張旣), 지혜롭고 용감한 정욱(程昱), 치밀하고 신중한 고옹(顧雍), 훌륭한 풍모와 도량이 넓은 왕혼(王渾), 지향하는 바가 규칙적이고 계획적이었던 유익(庾翼) 등 8명이다.

왕침과 이름을 날렸고 유담을 흠모한 왕공의 모습은 어떠했을까? 『세설신어』 "제멋대로 방종하다"라는 뜻의 「임탄(任誕)」에 두 사람과 유사한 행동이 기록되어 있다. 왕공이 왕침에게 완적은 사마상여와 비교하여 어떠하냐고 묻자, 왕침이 대답하길, "완적은 가슴 속에 맺힌 응어리가 많이 쌓여 있기 때문에 술로 씻어 내려야 하오"라고 했다. 완적과 사마상여는 예교(禮敎)에 구속받지 않은 방달(放達)한 문사(文士)였다. 왕침이 탄식하며 말하길, "3일 동안 술을 마시지 않으면, 육체와 정신이 더는 서로 가까워지지 않음을 느낀다"라고 했다. 왕침은 **호방한** 기풍을 좋아하여 형주에 있을 때 한 번 술을 마시기 시작하면 며칠 동안 깨어나지 못하기도 했는데 결국 이것 때문에 죽었다고 하였다. 또 왕공이 말하길, "명사는 반드시 특별한 재능이 필요한 것은 아니다. 단지 늘 할 일이 없고 통쾌하게 술을 마시며 『이소(離騷)』를 숙독하기만 하면 곧 명사라고 일컬을 만하다"라고 했다고 하였다. 『이소』는 굴원(屈原)이 군주에게 직간하였으나 받아들여

지지 않자 조정을 떠나 울분이 가슴 속에 쌓여 방황하며 쓴 시를 말한다. 굴원은 후에 멱라강에 투신자살하였다.

왕공은 성격이 강직하여 권력과 돈에 굴하지 않았으며 절개를 지키며 평소에 『좌전』을 즐겨 읽었다.

사씨가 정계에서 사라지고 진효무제가 친정을 할 때 주색에 빠져 사마도자에게 정사를 맡겼다. 사마도자 역시 술을 좋아하여 황당한 일만 저질렀으며 승려를 가까이하고 형벌과 상을 남발하였다. 그의 측근이 권력과 이익을 다투어 공공연히 뇌물을 수수하고 청탁을 받아 조정을 어지럽혔다. 그래서 왕공이 공개적으로 사마도자를 질책하자 두 사람은 물과 불의 관계처럼 첨예하게 대립하였다.

진효무제는 사마도자의 세력이 갈수록 커지자 그를 견제하기 위해 태원(太元) 15년(390년)에 큰 처남인 왕공을 지금의 산동 연주(兗州)와 청주(靑州)의 자사에 임명하고 청주, 연주, 유주(幽州), 병주(幷州), 기주(冀州) 5개 주의 군사를 감독하는 동진의 정예 군대인 북부병(北府兵)을 통솔하게 했다.

태원 21년(396년), 효무제가 후궁 장귀인(張貴人)에게 피살된 후 어린 나이에 총명하지 못한 안제(安帝)를 등극시키고 정권을 잡은 사마도자는 왕국보(王國寶) 등을 총애하였다. 왕공이 이를 좌시하지 않고 더욱 이들을 질책했다. 사마도자는 할 수 없어 왕공과 타협하려고 하였지만, 왕공은 이를 거절하고 사마도자에게 어린 황제를 잘 보좌하고 향락에 빠지지 말며 아부하고 간사한 소인배를 멀리하라고 경고했다. 이에 왕국보는 사마도자에게 건의하여 왕공과 왕공을 지지하는 은중감(殷仲堪)의 강한 번진의 군대를 삭감하라고 하였다.

왕공이 선수를 쳤다. 융안(隆安) 원년(397년)에 표를 올려 왕국보의 죄상을 성토하고 기병하여 수도 건강으로 진격하였다. 왕공이 통솔하는 북부병 휘하의 유뢰지(劉牢之)는 북부의 숙장(宿將)이었다. 그는 일찍이 그 유명한 비수(淝水) 전투에서 5천의 군사로 2만 명의 전진 군사를 대파했다. 또 왕공이 기병하기 전, 형주 자사 은중감과 연락하여 동시에 기병하기로 했고, 사도좌장사 왕흠(王廞)도 기병하기로 했다. 이렇게 세 방면에서 공격하자 사마도자는 할 수 없이 자신을 지키기 위해 왕국보를 체포하고 사사한 뒤에 왕공에게 사죄했다. 왕공은 목적을 달성하여 경구(京口)로 철군했다. 그러나 왕흠은 철군하지 않고 기병하여 왕공을 공격했다. 왕공이 유뢰지를 파견하여 5천의 군사로 왕흠 부대를 궤멸시켰다.

왕공이 철군한 후, 초왕(譙王) 사마상지(司馬尙之)는 사마도자에게 계책을 냈다. 왕공 등 번진의 군대가 강해서 대항하지 못했으므로 지방에 세력을 심어야 한다고 건의했다. 그래서 사마도자는 자기 부 중의 사마왕유(司馬王愉)를 강주(江州)의 자사에 임명하고 예주(豫州)에서 네 개의 군을 빼내어 그 군사를 장악하게 했다. 그런데 예주의 유해(庾楷)는 본래 왕국보의 일당이었지만, 사마도자가 자신의 땅을 빼앗으려 하자 이를 거절하고 사람을 왕공에게 보내 유세하게 하고 사마도자와 왕공 사이에서 이득을 취하려고 하였다. 왕공은 유해의 감언이설에 속아 "천자의 명령으로 천자를 위하지 않는 자를 치는" 정의감에 불타 행동에 옮기려고 했다. 이러한 충성을 몸소 실행하려는 정의로운 행동은 왕공이 『춘추좌전』을 읽을 때마다 느꼈다고 했던 그의 성품으로, 노은공(魯隱公) 10년(기원전 712년)에서 유래하였다.

노은공이 즉위한 후 3년 뒤에 천자 주환왕(周桓王)이 등극하고, 같은 해에 송상공(宋殤公)도 등극했다. 기원전 713년에 송상공이 천자를 잘 섬기지 않자, 정백(鄭伯)이 천자의 조정에서 좌경사(左卿士)로 있어 천자의 명령을 명분으로 송상공을 문책하고 송나라를 쳤다. 이듬해에 제후(齊侯)와 정백이 서로 만나 등(鄧)에서 맹세하고 송나라를 칠 날짜를 정했다. 노은공은 제후와 정백을 만났다. 은공은 송나라 군대를 관(菅)에서 패배시켰고, 정나라 군대는 고(郜)나라로 쳐들어가 점령한 뒤 그 땅을 노나라에 넘겨주었고, 정나라 군대가 방(防)에 들어가 점령하고 노나라에 넘겨주었다. 군자(君子)가 말했다.

"정장공(鄭莊公)은 이러한 행동이 바른 태도였다고 일컬을 수 있다. 그는 천자의 명령으로 천자를 위하지 않는 자를 쳤고 영토를 탐내지 않았다. 천자께서 내린 관직이 높은 사람에게 주어지게 한 것은 바른 예의였다."

천자가 정한 공(公), 후(侯), 백(伯), 자(子), 남(男)의 다섯 관직을 '왕작(王爵)'이라고 하는데, 여기에서는 자기보다 높은 관직을 가진 사람을 뜻한다. 즉 노나라 군주는 후작이었고, 정나라 군주는 백작이었다. 노은공은 공이고, 제나라 군주 제후는 후작이며, 정나라 군주 정장공은 정백이니 백작이므로, 공보다 낮은 관직이어서 제나라와 정나라의 군주는 각각 송나라에서 빼앗은 땅을 노나라에 넘겨준 것이다. 이러한 천자와 제후 사이의 위계질서를 포함하여 왕공은 정장공을 자신에 비유하여 천자의 명을 듣지 않은 송나라를 천자의 명령을 명분으로 삼아 공격한 것을 받들었다.

유뢰지가 왕공에게 권고하며 만류했다.

"충동적으로 행동하여 군주 측근을 제거하는 일은 해서는 안 되는 일을 하는 것으로 한 번은 되지만 두 번은 안 되며 불가능합니다. 지난번에 왕국보에게 압박을 받아 이유가 충분했지만, 이번에는 사마도자가 이미 굴복했고 체면도 있어 살기등등할 필요가 없습니다.

유해와 아무 상관도 없는데 그를 위해 강행하는 것은 억지에 가까워 타당하지 않습니다.

왕공은 유뢰지의 말을 듣지 않았다. 게다가 왕공은 평소에 유뢰지에게 예의를 갖추지 않아 재능이 뛰어나다고 자부하던 유뢰지는 불만이 가득했다. 사마도자의 아들 사마원현(司馬元顯)이 면밀하게 유뢰지의 심리변화를 관찰한 뒤 사람을 유뢰지에게 보내 유세하게 했다. 일이 성공하면 왕공의 자리를 대신 유뢰지에게 준다고 유혹했다.

왕공은 전혀 눈치를 채지 못하고 북부병 가운데 정예군사를 주어 선봉에 서게 했지만, 유뢰지는 조정에 투항했고 그의 아들 유경선(劉敬宣)과 동완 태수 고아(高雅)에게 명하여 왕공을 공격하게 했다. 왕공은 성을 나와 열병을 할 예정이었는데 유경선에게 공격을 당하여 부장들이 궤멸하였고, 성안으로 되돌아가려고 했으나 성안은 고아가 이미 점령하고 있었다. 할 수 없이 도주했는데 도중에 체포되어 사마도자에게 보내졌다. 사마도자는 왕공에게 모욕을 주고 싶었으나 은중감의 군대가 이미 석두성, 지금의 남경에 진격하자, 일을 길게 끌다가 문제가 생기지 않게 하려고 부하를 시켜 왕공을 참살하도록 했다.

맹창(孟昶)이 뜻을 얻지 못하고 아직 높은 관직에 있지 않았을 때 경구에 살았다. 하루는 왕공이 높다란 수레를 타고 학의 털로 만든 겉옷 학창구(鶴氅裘)를 입고 있었는데, 그때 눈이 약간 내렸다. 그 모습을 보고 맹창이 말했다.

"왕공은 눈 위를 걷는 신선과도 같다."

왕공의 초탈한 풍모에 반한 것이다.

왕공은 형장으로 끌려가면서 불경을 외웠고 수염과 머리를 정돈하며 전혀 두려워하는 기색이 없어 명사의 풍모를 잃지 않았다. 형장을 감독하는 자에게 말했다.

"나는 우매하고 무지하게도 남을 너무 믿어 지금 이렇게 패망에 이르게 되었다. 내 마음은 국가와 사직에 충성을 다했을 뿐이다. 백년 뒤에 사람들은 이 사람을 알아주리라."

왕공은 성격이 너무 강직하여 관대한 마음이 전혀 없었고 반면에 정의감이 지나쳐서 피살되었다. 그러나 그가 피살된 뒤에 집안에는 돈도 재물도 하나 없고 오직 책만 있었다고 하여 '신무장물'이란 말이 헛된 말이 아니었다. 정의감에 불타는 청렴한 충신이었다.

20

값비싼 비단을
처마에 매달아 놓은 산도

서진 때 산도(山濤)는 이부상서가 되어 관리의 임명과 면직, 승진과 강등의 대권을 장악하였다. 원의(袁毅)라는 역현(鬲縣), 지금의 산동성 덕주(德州)의 현령은 탐관오리였는데 산도에게 100근의 생사를 선사하면서 감싸주고 보살펴달라고 했다. 산도는 정색하며 성난 얼굴로 말했다.

"선물을 주거나 뇌물을 바치면 관리 사회를 더럽히고 정치를 나쁘게 한다. 사사로운 정에 얽매여 법을 위반하는 행위가 여기에서부터 생겨난 것이다. 그러므로 옛날의 정직한 사람과 군자는 뇌물수수를 멸시하였다. 나는 평생 이것을 악한 행위로 여겨왔고 이를 경계로 삼아 끊어버렸으니 받지 않겠다."

원의는 생사를 놔둔 채 몸만 빼내 물러났다.

산도는 부하관리를 모두 불러 백 근의 생사를 처마 끝에 매달아두게 하고는 말했다.

"오늘부터 선물로 보내온 것은 모두 이렇게 하여 본보기를 보여라."

후에 원의의 일이 드러나 서울로 보내져 정위의 심판을 받게 되었는데 그가 준 뇌물을 수수한 사람 모두가 검거되었다. 산도는 사람을 시켜 처마 밑에 매달려 있어 몇 년 동안 먼지가 쌓인 처음 봉인된 상태의 생사를 거두어서 창고로 보내게 했다.

선물을 받지 않으려고 뇌물로 여긴 "생사를 걸어놓은 상서"라는 뜻의 '현사상서(懸絲尙書)'는 곧 산도를 일컫는다. 산도의 말년 때 관직이 상서우복야(尙書右僕射)에 이르렀기 때문에 붙여진 관직명이다.

산도(205-283년)는 일찍이 부모를 여의고 가난하게 살았지만 어려서부터 재주가 뛰어나 명망이 있는 선비들도 그를 업신여기지 않았다. 17살 때 어느 친척이 사마의에게 말하길, 산도는 틀림없이 사마사와 사마소와 함께 천하를 잘 다스릴 인물이라고 말하자 사마의가 웃으며 그대 집안은 소족(小族)인데 그런 훌륭한 인물이 나올 수 있겠냐고 말했다고 한다. 산도는 『노자』와 『장자』를 좋아했으며, 혜강(嵇康)과 친하게 지냈다. 또 후에 완적과 함께 속세를 떠나 자연과 더불어 지내며 죽림칠현의 한 사람이 되었다.

하루는 석감(石鑒)과 함께 역사에서 묵을 때, 산도가 일어나 발로 석감을 밟으며 말하길, "지금 어느 때인데 잠을 자는 것이오. 태부(太傅) [사마의]가 병상에 누운 것이 무엇을 뜻하는지 아시오?"라고 하자, 석감이 대답하길, "태부 재상이 3일 동안 조회에 참여하지 못하면, 조서를 내려 사택으로 돌아가 요양하라고 할 것인데, 그대는 무엇을 걱정하시오?" 당시 사마씨는 집권자 조씨와 대립하며 호시탐탐 정권을 노리고 있었다. 이에 산도가 말하길, "그대는 말발굽 사이에서 무사할 것 같소!"라고 하고는 관직을 나타내는 부절을 내던지고는 떠나버렸다. 후에 사마의는 과연 정시(正始) 10년(249년)에 고평릉(高平陵)의 변(變)을 일으키고 조상(曹爽)을 주살하고 조정의 정권을 탈취했다. 이에 산도는 마침내 은둔하여 속세의 일과는 관계를 끊어버렸다.

사실 사마의의 부인 장춘화(張春華)의 모친은 산도의 면 친척이었다. 그래서 정권을 장악한 사마의가 사예교위에게 명하여 산도를 수재 출신으로 천거하도록 하고 낭중(郎中)에 제수하였으며 곧 표기장군 왕창(王昶)의 종사중낭(從事中郎)으로 전임시켰다.

산도가 조정에 들어가 시중이 되었다가 상서로 승진했다. 모친이 늙어서 산도가 사직을 청하자 사마염이 조서를 내려 산도가 비록 노모를 봉양해야 하지만 직무에도 상하와 공사의 구분이 있으므로 집안에는 봉양할 사람이 있을 것이니 공무에 힘쓰라며 거절했다. 산도는 마침내 사직을 결심하고 수십 차례나 상소하였지만 사마염은 한참 지나고서야 겨우 그의 요구를 들어주었다. 의랑(議郎) 관직을 제수하고 귀향하도록 했다. 사마염은 그가 청빈하고 검소하여 집안사람을 봉양할 수 없다는 것을 알고는 군주가 먹는 선식(膳食)을 보내주고 침상과 옷을 하사했는데 그에 대한 대우는 그에 견줄 만한 사람이 없었다고 한다.

태시(泰始) 10년(274년)에 산도는 태상(太常)에 임명되었으나 병으로 사직하고 모친이 세상을 떠나자 귀향하였다. 당시 산도의 나이는 70세가 넘었다. 사마염이 이부상서에 임명하였으나 산도는 모친상을 치르느라 병이 나서 사양하였는데 이때 사마염의 황후 양염(楊艶)이 세상을 떠나 할 수 없이 낙양으로 가야만 했다.

산도가 인재로 선발한 관리는 백여 명이나 되었지만, 잘못된 사람을 선발한 적이 없었다. 그러나 오직 육량(陸亮)을 등용한 것은 조서를 따랐기 때문에 자기 뜻과 달라서 논쟁하며 따르지 않았다. 산도가 좌복야(左僕射)가 되어 인재를 선발할 때 가충이 매번 자신이 추천하는 사람을 등용하려고 하였는데 자신이 후대하는 육량을 선발하자 그대로 따를 수가 없었다. 가충은 육량이 공평무사하다고 하였지만, 산도는 가충의 마음이 공평하지 못하다고 걱정하여 육량이 좌승상은 될 수 있을지언정 관리로 선발할 재목은 아니라고 하여 여러 차례 주청하였지만, 황제는 허락하지 않았다. 그러자 산도는 병을 핑계로 귀향하였다. 육량은 얼마 후 공평하지 않았고 뇌물수수 사건에 연루되어 파면당했다.

태강 연간(280년-289년) 초에 산도는 상서우복야에 임명되었는데 여기에 광록대부, 시중이 보태졌다. 그러나 산도는 자신이 늙었다고 생각되어 사직을 청했다. 사마염이 말했다.

"그대의 도덕은 세상 사람의 모범이 되었는데, 하물며 선제께서도 이미 그대의 넓고 원대한 뜻을 알고 계셨소. 나는 그대에 의지하여 풍속을 순박하고 두텁게 하였는데, 그대는 어찌하여 조정을 버리고 높은 명성만 추구하시오? 나의 진실한 마음이 그대에게 분명하게 전해지기에 부족했습니까? 어찌 그대의 상서가 그리도 간절합니까? 응당히 때에 맞게 스스로 힘쓸 것이니, 내가 간절히 바라는 것을 위로해주길 바라오. 그대가 물러날 뜻을 바꾸지 않는다면, 내가 자리에 누워도 편안하지 못할 것이오."

산도가 또 상서하여 사직을 청했으나 사마염은 허락하지 않았다.

천하가 통일된 후 사마염은 군대를 폐지하여 천하가 평안하고 아무 일이 없음을 알렸다. 주와 군의 군대를 모두 해제시켰다. 산도는 이에 반대했다. 산도가 용병의 근본에 대해 논했는데, 세상 사람들은 손무와 오기의 병법을 배우지는 않았어도 병법가의 병법과 일치한다고 하였고, 사마염도 그의 용병술에 관한 논의에 대해 천하의 명언이라고 칭찬하였으나 채용하지는 않았다. 진혜제 영녕(永寧) 연간(301년-302년)에 도적이 횡행하였으나 군대가 폐지되어 제지할 수 없었는데 천하가 어지러워져서 과연 산도가 말한 것과 같았다.

태강 3년(282년)에 무제가 산도를 사도로 승진시켜 삼공의 최고 자리에 앉히려고 했으나 산도는 사양하였다. 이에 사마염이 조서를 내려 말했다.

"그대는 덕이 높고 조정의 원로이니 군주를 보좌하는 자리에 앉히려고 해도 그대는 겸양을 숭상하고 사양을 거듭하니 내 마음에 걱정이 되오. 그대는 시종일관 조정에서 나를 보좌해주시오."

산도가 말했다.

"신이 나라를 받든 지 30여 년이 되었습니다만 덕으로 다스린 것과 교화가 조금도 효력을 발휘하지 못했는데도 폐하께서는 신에 대한 사적인 총애가 그치지 않으시어 삼사(三司)의 임무를 맡기셨습니다. 신이 듣기에 덕행이 부족한데 자리가 높고, 역량이 없는데 책무가 무거우면 위로는 국사를 망치는 화를 초래하고, 아래로는 종묘사직을 해치는 허물이 될 것이라고 했습니다. 바라옵건대 폐하께서 군신의 은혜를 생각하시어 제가 고향으로 내려가 유골을 묻힐 수 있게 해주십시오."

사마염이 말했다.

"그대는 조정을 보좌하고 황실을 보호하고 다스려 바로잡은 공이 있어 내가 의지하였소. 사도의 직은 국가의 교화를 관장하므로 그대에게 수여하는 것이오. 여러 신하와 백성들의 기대를 만족하게 해주시면 되거늘 어찌 겸양으로 자신을 낮게 평가하시오?"

사마염은 명령을 하달하여 산도의 사직을 불허하고 인수를 병석에 누워있는 산도에게 보냈다. 산도가 말했다.

"장차 죽을 사람이 어떻게 관직을 더럽힐 수 있는가!"

태강 4년(283년), 산도가 세상을 떠났는데 향년 79세였다. 사마염은 조서를 내려 관목(棺木)과 조복(朝服) 각각 1구, 옷 한 벌, 돈 50만 전, 백 필의 포(布)를 하사하여 장례에 쓰도록 했다. 사도의 보라색 인수와 담비 꼬리와 매미 날개 장식이 달린 시중의 인수를 보냈다. 산도의 집은 10칸이었으나 자손이 많아 부족했으므로 사마염이 새로 집을 지어주었다.

산도의 고향 하남성 초작(焦作)시 무척(武陟)현 대홍교향(大虹橋鄉) 동쪽 소홍촌(小虹村)에 산도의 묘와 사당이 있다.

21

유산으로 돈 대신 청렴결백을
자손들에게 남긴 **서면**

남조 때 양나라 동해군 담현(郯縣), 지금의 산동성 남부 임기(臨沂)에 속한 담성(郯城) 사람 서면(徐勉)은 평생 고위직에 있었으나 따로 재산을 불릴 사업을 전혀 하지 않았고 평소에 받은 봉록 대부분은 친척 중의 가난한 사람에게 나눠주고 집에는 쌓아놓은 재산이 하나도 없었다.

문객과 친구들이 말했다.

"후손을 위해 사업을 경영하여 돈을 벌어야 하지 않겠습니까?"

서면이 대답했다.

"다른 사람은 자손에게 재산을 남기지만 나는 자손에게 청백을 남겼소. 자손이 만약 재능이 있으면 스스로 사업을 일으킬 것이오. 만약 인재가 아니면 설령 내가 재산을 남겨주어도 다른 사람의 수중에 들어갈 것이오."

서면은 평지를 써서 아들 서숭(徐崧)을 경계하며 말했다.

"우리 집안은 대대로 청렴해서 평소에 가난하게 살았다. 사업을 경영하는 것은 한 번도 해 본 적이 없지만, 다만 하지 않았을 뿐이다. 옛날 사람이 말하길, '청렴결백의 명성을 자손에게 남기면 넉넉한 유산이 되지 않겠는가?'라고 했고, 또 '광주리 안의 황금을 자손에게 남기는 것보다 경서를 읽히게 하는 것이 훨씬 낫다'라고 했다. 이 말을 자세히 생각해보면 빈말이 결코 아니다. 나는 재주가 별로 없지만 내가 바라는 것이 있는데 다행히 옛날 사람의 이러한 교훈을 받들어 몸소 행하여 중도에 폐기하지 않는 것이다. 내가 높은 자리에 앉은 이래로 30여 년이 지났는데, 문객과 친구들이 내가 직권을 이용하여 기회를 엿보아 돈을 벌라고 하고, 어떤 사람은 밭과 정원을 사두라고 하며, 또 어떤 사람은 상점이나 객잔을 운영해보라고 권하고 혹자는 수상 운송을 하여 이익을 남겨 돈을 벌어 부자가 되라고 권했다. 이러한 견해대로 나는 하지 않고 거절했다."

서면은 평생 청렴결백하여 욕심을 부리지 않았다. 말로 전하고 몸소 행동으로 보여주며 가르쳐서 자손들의 모범이 되었다. 단지 멀리 내다보고 자손을 위해 별도의 사업을 벌여 돈을 벌지 않고 보배처럼 귀한 청렴결백을 후손에게 남겨 영원히 즐길 수 있기를 바랐다.

서면(466년-535년)은 남조 때 양나라의 재상이었고 문학가였다. 그는 남조 송나라 명제 태시 연간에 출생하였는데 어려서 가난하고 지조가 있으며 청렴했다. 공부에 뜻을 두어 전념했으며 국자학에 들어갔다. 양나라가 건립된 후에 중서시랑과 상서좌승을 지냈다. 후에 태자 소통(蕭統)을 보좌했는데 그는 유명한 『문선』의 편찬자이다. 이어서 천감(天監) 6년(507년), 이부상서가 되었다.

서면이 이부상서일 때 조정에서 근면하게 직무를 수행하여 바쁜

날에는 열흘에 한 번 귀가했다. 개를 한 마리 키웠는데 서면이 집에 오는 날이 적어 개도 주인을 알아보지 못했다. 그가 집에 올 때마다 그 개가 크게 짖었다. 어떻게 할 도리가 없던 서면이 말했다.

"내가 나라 걱정하다가 집을 잊은 것이 이렇게까지 되었네. 만약 내가 죽은 후에 어떤 사람이 내 전기를 쓴다면 개가 짖었다는 것을 기록할 만한 가치가 있다."

천감 6년(57년)에 서면이 이부상서에 임명되자, 관청 앞이 사람들로 붐볐다. 상서를 방문하여 관직을 구하려고 몰려든 것이다. 어느 날, 절친한 친구 우고(虞暠)가 찾아왔다. 그는 서면과 좋은 관계를 유지하였는데 그것을 이용하여 첨사(詹事)라는 관직을 은근히 달라고 했다. 첨사는 급사, 집사의 뜻으로 한나라 때 설치되었는데 황후와 태자의 궁의 일을 관장하던 조정의 최고 권력에 가까이 접근할 수 있는 고급관직이었다. 환관이 맡지 않았는데, 예를 들면 어진 신하 정당시(鄭當時), 두태후의 조카 위기후(魏其侯) 두영(竇嬰), 소제(昭帝)의 스승 위현(韋賢), 한무제 때 공패(孔霸)와 같은 인물이 일찍이 이 관직을 맡았다.

서면은 정색을 하며 말했다.

"오늘 저녁은 단지 풍월만 읊고 공적인 일은 논하지 말자."

우고가 부끄러워서 그냥 가버렸다.

사서 『남사(南史)』에 그에 대해 다음과 같이 기록하였다.

"서면이 고위직에 임명되어서 일을 처리할 때 원칙을 바꾸지 않아 변하지 않는 법도에 부합하였으며, 조리가 있고 이치가 있었다."

세상 사람들은 공적인 일과 사적인 일의 구분이 확실했던 공직자의 사심 없었던 서면의 인품에 탄복하였다.

'풍월(風月)'이란 바람과 달과 같이 아름다운 사물을 가리키는데 국사를 논하지 않음을 암시하는 말이다. 사서에 기록된 서면의 전기에서 '지담풍월(止談風月)'이란 성어가 생겨났다. '지(止)'는 다만, 단지라는 뜻의 '지(只)', '근(僅)'과 같은 글자로, 성어는 "풍월만 읊자"라는 뜻으로 공적인 일이나 정사에 대해 논하지 말자고 권유하며 저지함을 내포하고 있는데, 후에 남의 청탁을 사양함을 비유하는 말이 되었다.

청대 정치가 이홍장(李鴻章)은 서면의 지조 높은 인품을 흠모하며 그것을 지향하는 뜻을 품었음을 나타낸 「풍월부(風月賦)」에서 서면을 다음과 같이 읊었다.

서면은 재주 많고 엄격했으며,	서이부풍자엄준(徐吏部豐資嚴峻)
그릇의 도량이 넓고 깊었네.	기량연심(器量淵深)
마음의 지조는 돌과 같고,	심정사석(心貞似石)
언행의 법도는 쇠처럼 무거웠네.	도식여금(度式如金)

두 번째 연은 『좌전』 소공(昭公) 12년에 나오는 산문 「공자 혁이 영왕을 대하다(子革對靈王)」의 기록이다.

초나라 영왕이 즉위한 후 오나라와 여러 차례 교전하였다. 진(陳)나라와 채(蔡)나라 두 제후국을 멸하고 축성하여 중원을 넘보고 있었다. 진(晉)나라와 회맹하고 진나라를 압박하여 패주가 되었다. 그러나 패업은 무력과 위압으로 이루어진 것이어서 초나라 국내의 불안요소가 되었다. 영왕은 회유 수단을 채용하여 정권의 기초를 안정시키지 못하고 반대로 출병하여 오나라와 서국(徐國)을 쟁패하려고 하였다. 초영왕은 야심 차고 탐욕이 너무나 커서 공자 혁(革)은 "자신은 아무런 주관적 견해가 없는 것처럼 남의 의견에 영합한다"라는 뜻의 '수성부화(隨聲附和)' 방식과 "큰 것을 잡기 위해 먼저 일부러 놓아주다"라는 뜻의 '욕금선종(欲擒先縱)'의 서술 방식을 채택하였다.

초영왕이 말했다.

"지난날 제후들은 우리를 멀리하고 진(晉)나라를 두려워했소. 지금 우리는 진나라, 채나라와 불갱(不羹)의 땅에 축성하여 다들 천 대의 전차를 내게 되어 있소. 당신도 수고했소. 제후들은 우리를 두려워하고 있겠지요?"

공자 혁이 말했다.

"제후들은 군주님을 두려워하고 있습니다. 세 나라만의 성만으로도 제후들이 두려워하기에도 충분합니다."

초영왕의 시종 복석보(僕析父)가 공자 혁에게 말했다.

"공은 조나라 사람들이 우러러보는 대상입니다. 그런데 지금 군왕 말씀에 맞장구만 치고 계십니다. 나라 꼴이 앞으로 어떻게 되겠습니까?"

공자 혁이 말했다.

"나는 이미 칼을 간 지 오래되었소! 군왕이 나오면 그의 그릇된 생각을 나의 칼과 같은 말로 끊을 것이오."

초왕이 나와 공자 혁과 대화를 나누는데 좌사(左史) 의상(倚相)이 지나갔다. 초왕이 의상을 가리키며 말했다.

"저 사람은 좋은 사관이오. 그는 『삼분(三墳)』, 『오전(五典)』, 『팔색(八索)』, 『구구(九丘)』 등과 같은 옛 책을 읽을 수 있소."

『삼분』은 복희, 신농, 황제에 관한 책이고, 『오전』은 소호, 전욱, 제곡, 요, 순임금에 관한 책이며, 『팔색』과 『구구』는 팔괘(八卦)와 구주지지(九州之志) 혹은 『하도(河圖)』와 『낙서(洛書)』를 말한다.

공자 혁이 말했다.

"옛날에 천자 목왕이 방종하여 천하를 두루 돌아다녀 천하의 모든 땅에 그의 수레바퀴 자국을 남겨 주나라 경사(卿士) 제공(祭公) 모부(謀父)가 「기초(祈招)」라는 시를 지어 목왕의 사사로운 욕심을 중지시켰습니다. 그래서 목왕은 지궁(祇宮)이란 궁전에서 편안하게 돌아가실 수 있었습니다. 신이 그에게 이 시를 물으니 그는 몰랐습니다. 그에게 이보다 더 먼 옛날 일을 물으면 그가 어떻게 대답하겠습니까?"

초영왕이 물었다.

"그 시를 알 수 있소?"

공자 혁이 시를 외웠다.

사마초소는 얼마나 기쁘고 평안하냐.
백성에게 대왕의 훌륭한 덕을 전파했네.
우리에게 대왕의 덕행을 생각하게 하니
그의 덕행은 옥처럼 고결하고,
그의 덕행은 황금처럼 귀하네.
대왕은 백성을 부역에 동원하지 않으니,
주색과 탐욕의 마음이 조금도 없구나.

이 시를 들은 초나라 왕은 안으로 들어가 음식을 먹지도 않고 잠을 자지도 못하여 며칠이 지났어도 자신의 욕심을 억제하지 못하고 결국은 환난이 일어나게 되었다.

공자는 초왕을 평하여 말했다.

"옛날에 책이 있었는데, '자기의 욕심을 억제하여 예의를 갖추는 것으로 돌아가는 것을 인(仁)이라고 한다'라고 하였다. 초나라 영왕이 만약 이렇게 했다면 그거 어떻게 건계(乾溪)에서 욕을 당할 수 있었겠는가?"

초나라 영왕이 당한 환난에 대해서는 이 기록과 약간 다르다.

초영왕은 공자 혁의 말을 듣고 온종일 건계에서 정신이 나간 채 매일 먹고 술을 마시며 환락에 빠져 완전히 국가의 대사를 잊어버렸다. 그는 매번 정벌을 나가 국내에서 큰일이 일어나는 것을 헤아리지 못했다. 초영왕의 동생 채공(蔡公) 웅기질(熊棄疾)은 후에 초평왕(楚平王)이 되지만, 영왕이 집을 비운 사이 이 틈에 영왕의 태자를 죽이고 대신 공자 비(比)를 왕으로 세웠다. 동시에 사람을 건계에 보내 초왕의 장수들에게 다음과 같이 말하게 했다.

"국가는 이미 새로운 왕으로 바뀌었다. 너희들은 돌아가서 원래의 관직에 남아 있을 수 있다. 너희들이 소유한 땅은 너희들에게 돌려준다. 만약 너희들이 새 왕에게 투항하지 않고 혼군(昏君)을 따르면 너희들은 삼족이 멸할 것이다."

백성을 보살피지 않고 주색과 타국에 대한 정벌 탐욕에 빠진 초나라 영왕은 동생에게 대왕 자리를 빼앗기고 마침내 황야에서 자살했다.

22

샘물을 마셔 지조를 밝힌 오은지

동진 원흥(元興) 초(402년-404년)에 오은지(吳隱之)는 광동 광주(廣州)의 자사로 부임했다. 당시 광주는 부유한 상인들이 운집했던 도시였다. 동남아, 인도, 아랍과 해상무역으로 이국적 보물 등 각종 진귀한 박래품이 중국으로 들어오는 창구였다. 광주 자사를 역임한 사람들 모두 기회를 틈타 재산을 긁어모아 치부했다. 임기 중에 허리에 만 관이나 되는 많은 돈을 꿰찼다. 『남제서(南齊書)』 「왕곤전(王琨傳)」에 "광주 자사는 성문을 한 번만 지나가도 3천만 전을 얻을 수 있었다"라고 기록하였다.

오은지가 광주로 향하다가 석문(石門)을 지나게 되었는데 석문에는 「탐천(貪泉)」이라는 샘물이 유명했다. 관리가 이 샘물을 마시면 탐욕이 크게 일어나고 청렴한 선비는 가난해진다고 한다. 오은지가 이 물을 마신다고 하더라도 자신의 청렴결백과 지조를 바꿀 수는 없을 것이라고 자신했다.

오은지는 시를 지어 읊었다.

옛날 사람이 이 샘물을 마시면,   고인운차수(古人云此水)
천금을 품을 수 있다고 전하네.   일음회천금(一飮懷千金)
만약 백이 숙제가 마시게 되면,   시사이제음(試使夷齊飮)
지조를 바꾸지 않았을 것이리라.   종당불이심(終當不移心)

그는 고대 현인으로 유명한, 조국 은나라가 망하고 주나라가 들어서자 주나라의 녹을 먹지 않겠다며 수양산으로 숨어들어 고사리 캐서 먹으며 지조를 지키다가 마침내 굶어 죽은 백이와 숙제를 인용하며 자신이 품은 바꾸지 않은 고결한 지조를 분명히 밝혔다.

원흥(元興) 3년(404년), 노순(盧循)의 농민군이 광주를 공격하여 오은지가 포로로 붙잡혔다. 조정의 실권을 장악한 대신 유유(劉裕)가 노순을 설득하여 오은지는 풀려났다.

오은지는 광주에 부임하여 검소하고 소박한 생활을 한 뒤 임기가 만료되어 북쪽 건강으로 돌아갈 때 남의 물건이 하나도 없어 양쪽 주머니가 텅 비었다. 그의 부인 유씨는 북방에서는 구하기 힘든 침향(沈香) 1근을 휴대하고 갔는데 그것을 오은지가 발견하고는 화를 내고는 그것을 강물에 던져버렸다. 오은지는 자신의 행위로 청렴과 탐욕은 사람에게 달려 있지 재물에 있지 않음을 증명했다. 빈손에 양 소매로 맑은 바람을 일으키며 가벼운 걸음걸이로 홀가분하게 걸어갔다.

후에 그의 청렴결백을 칭송하며 그를 추모하여 석문 아래 모래톱을 침향포라고 했고, 후세 사람이 「탐천(貪泉)」이란 비석을 세워 탐관오리를 경계했다. 그러나 탐천은 거울과도 같아서 청렴한 관리는 경계로 삼았지만, 이를 말하는 사람은 바늘방석에 앉아있는 것과 같아 좌불안석이었다. 오대 남한의 군주 유미(劉美)는 기분이 나빠 사람을 시켜 탐천을 돌로 메워버리게 했다. 명대 만력 황제 때 포정사 이봉(李鳳)이 탐천비를 다시 세웠다. 명대 후기에 어떤 사람이 오은지의 사당을 세우고 사당 앞에 탐천정(貪泉亭)이라는 정자를 건립하고「청풍만고(淸風萬古)」라는 편액도 걸었는데 지금은 석비 하나만 남았다.

탐천비(貪泉碑)

광동성 광주시 백운구(白雲區) 석정진(石井鎭) 경풍촌(慶豊村) 관할 석문촌(石門村)에 있다.

오은지(?-413년)는 산동 사람으로 동진 때 청렴한 관리로 유명했고 당시에 명사(名士)였다. 집안이 가난하였으나 뜻이 높고 원대하였다. 매일 아침 죽을 먹고 남의 재물을 하나도 받지 않고 살았다. 모친이 세상을 떠났을 때 통곡하여 매일 아침 눈물로 얼굴을 씻을 정도여서 사람들이 감동했다. 집 근처에 사는 이부상서 한강백(韓康白)에게 알려져서 그의 추천으로 관리가 되었는데 산기상시(散騎常侍), 저작랑(著作郞)을 역임했다.

진명제(晉明帝) 사마소(司馬紹)의 사위로 영화(永和) 원년(345년)에 장강 상류 지역의 병권을 장악하고 성한(成漢)을 멸하여 천하에 명성을 크게 떨친 환온(桓溫)이 오은지를 알아보고 그에게 상서랑(商書郞) 등의 관직을 주었고, 후에 역사상 유명한 비수(淝水) 전투에서 동진 군사령관이었던 사석(謝石)의 추천으로 주부(主簿)에 임명되었다. 주부는 높은 관직은 아니지만, 오은지는 청렴하고 자신이 좋아서 행한 선행이 칭송을 받아 그의 딸이 사석의 아들에게 시집을 가게 되었다. 사석은 그의 집안이 가난한 것을 알고 있었으므로 사람을 보내 결혼에 필요한 물품을 수레에 가득 싣고 오은지 집으로 보냈으나 오은지는 이를 거절하고 사석의 집으로 돌려보냈다. 오은지는 시종을 시켜 개 한 마리를 시장에 내다 팔게 하고 그 돈으로 딸의 시집 비용으로 썼다.

광주의 자사로 부임한 후에 공무에 힘썼고 간소함과 근면함이 시종 변함이 없었다. 먹는 것은 쌀, 채소와 말린 생선뿐이었고, 입는 것은 거친 베 옷이었으며 거처하는 곳의 장막이 곳간에 맞닿을 정도로 누추했는데 어떤 사람이 그가 고의로 뽐내려는 것이라고 말하면 오은지는 그저 웃기만 하고 아무 말도 하지 않고는 예전처럼 그대로 행했다.

부하가 생선을 가져와서 일일이 뼈까지 발라주면 그는 이러한 아부가 싫어서 그를 꾸짖고 밖으로 내쫓아버렸다. 그가 탐관을 징벌하고 뇌물수수를 금지하여 광주 관리 사회의 풍속이 호전되었다. 원흥 연간 초에 황제가 조서를 내려 전장군(前將軍)으로 승진시켰으며, 돈 50만 전과 곡식 천 곡(斛)을 하사했다.

그의 가족이 사는 집은 초가집으로 여섯 칸이어서 유유(劉裕)가 그에게 소와 수레를 보냈지만, 오은지는 사양했다. 후에 탁지상서와 태상으로 승진되었지만, 오은지는 세속에 물들지 않고 몸을 깨끗하게 지켜 청빈하고 검소함을 바꾸지 않아 삶이 평민과 같았다. 그가 받는 봉록에서 먹을 양식만 남기고 나머지는 모두 다른 사람에게 주었다. 부인은 직접 베틀로 옷을 짰고 봉록에 손도 대지 않았으며, 추운 겨울에 책을 읽을 때도 오은지는 항상 솜옷으로 추위를 막았다.

의희(義熙) 8년(412년), 오은지는 늙었으므로 귀향을 청하자, 조정에서 그를 광록대부에 임명하고 황금 도장과 보라색 끈이 달린 황금 도장이 보태졌으며, 돈 10만 전과 쌀 300곡을 하사했다.

23

빈손으로 귀향한 **임방**

임방(任昉)은 남조 양나라 신안(新安)의 태수였다. 신안에 도착하여 사방을 방문 조사하였다. 그는 보통 사람의 옷을 입고 지팡이를 짚고 다녔다. 시종 몇 명을 데리고 시골길을 걸어가는데 우연히 백성의 호소하는 말을 듣고 길에서 신속하게 민원을 해결해주었다. 임방은 백성의 고초에 관심을 가졌는데, 규정을 만들어 군의 80세 이상 노인에게 매년 관리를 파견하여 가난한 사람의 고초를 묻고 상황을 이해하여 곤란한 일이 있으면 즉시 해결해주도록 했다.

군 내에는 양매(楊梅)라는 특산물이 있어 매년 태수를 위해 수확하여 판매하여 돈을 만들어 주었는데, 임방은 이를 금지하여 백성들의 고초를 해결하여 백여 년 만에 이런 기쁜 날이 없었다며 태수를 칭송하였다.

불행히도 임방은 임지에서 병으로 죽었다. 유언이 그의 가족이 신안의 물품을 도성으로 가져가지 못하게 하라는 지시였다. 잡목으로 관을 만들고 평상시에 입던 다 떨어진 옷으로 염을 하게 했다. 이를 전해 들은 신안의 백성들은 비통해하며 그를 기념하는 사당을 세우고 매년 제사를 지냈다고 한다. 그의 집에는 20석의 도화미(桃花米)만 남았고 장례를 치를 돈도 없었고 다른 물건은 하나도 없었다고 한다. 양나라 고조가 과일을 먹다가 그의 사망 소식을 듣고 과일을 접시에 던져버리고 통곡하였는데 한동안 그치지 않았다고 전한다.

임방(460년-508년)은 산동 사람으로 남조 때 문학가로 경릉팔우(竟陵八友) 중의 한 명이었으며 방지학가(方志學家), 장서가였다. 어려서부터 총명하였고 각고의 노력으로 학문에 전념하였는데 4세 때 시를 외우고 8세 때 문장을 지을 줄 알아 재주가 뛰어나기로 유명했다. 12세 때는 효성이 지극하다는 말을 들었으며, 16세 때 남조 송나라의 단양윤(丹陽尹) 유병(劉秉)의 초빙으로 주부가 되었고 후에 연주(兗州)의 수재로 추천되어 조정에 불려가 태상박사, 참군이 되었다.

제나라 영명(永明) 2년(484년), 다시 단양윤의 주부가 되었다가 후에 다시 수도 건강으로 돌아왔다. 임방은 문장에 능하여 왕공이 상주한 문장은 대부분 그가 대신 써준 것이다. 당시 문장의 대가 심약(沈約)도 그를 추앙할 정도였다. 상서전중랑(尚書殿中郎)에 임명되었다가 후에 경릉왕(竟陵王) 소자량(蕭子良)의 초빙으로 기실참군(記室叅軍)이 되어 조정의 조서를 기초하는 일을 전문적으로 맡았다.

양나라 고조 소연(蕭衍)이 등극한 후에 황문시랑에 임명되었다. 천감 2년(503년), 의흥(義興), 지금의 강소 태호 서쪽의 의흥(宜興)의 태수가 되었는데, 이곳에 기근이 극심해지자 자신의 봉록으로 받은 쌀로 죽을 끓여 이재민을 구제하고 2천여 명을 살렸다. 가뭄이 든 해에 빈곤한 사람이 아이들을 낳아 기르지 못하면 살인과도 같은 죄

장쑤성 이싱(宜興) 임공조대(任公釣臺)

이싱시 기차역 북쪽의 호수 남단에 단궤(團氿) 공원, 동단에 임방공원이 있다. 궤(氿): 의흥 사람이 호수를 부르는 칭호. 임공조대: 임방이 의흥 태수 임기 만료 이후에 이곳에 서 낚시를 즐겼다고 하는 곳.

라면서 이를 금지하였으며, 임신한 부녀자에게 출산 비용으로 쓰게 하였다. 자신의 공전(公田)에서 쌀 800여 석을 생산하여 그 가운데 5분의 1은 자신이 쓰고 나머지는 이재민 구제에 사용하였다.

임방은 효성이 지극했는데 병든 부모를 간호할 때는 옷을 벗지 않고 잠을 잤고, 탕약이나 밥은 먼저 마시거나 먹어보고 온도를 점검한 뒤에 부모가 드시게 했다. 부친이 세상을 떠났을 때 사직하고 통곡하여 피눈물을 흘렸고 3년 상을 치른 뒤에 지팡이를 짚고서야 자리에서 일어날 수 있었다. 숙부와 숙모를 모실 때도 부모처럼 봉양했고, 형과 형수를 공경하고 조심스럽게 대했으며, 친척 중에 가난한 사람이 있으면 아낌없이 자기 봉급을 나누어 주었다.

임기 중에 청렴결백하여 그의 가족은 거친 밥만 먹고 살았다. 임기가 만료되어 떠날 때 7필의 비단과 5석의 쌀만 남았다. 경성으로 돌아와서 갈아입을 옷이 없었는데 진군장군(鎭軍將軍) 심약이 옷을 보내주었다. 이후에 전후로 어사중승, 비서감에 임명되었다. 천감 6년(507년)에 신안의 태수가 되었다. 천감 7년(508년)에 세상을 떠났는데 향년 49세였다. 조장에서 그를 태상경(太常卿)으로 추증하였고 시호는 경자(敬子)였다.

24

관리가 되기 전에
먼저 마음을 다스린 **소작**

소작(蘇綽)은 서위 때 청렴한 관리로 권력이 커도 욕심이 없었으며 당시 조정의 모범이 되었다.

대통(大統) 10년(544년), 전국의 세금 수지를 관장한 탁지상서(度支尙書)에 임명되었고 사농경(司農卿)을 겸직하여 국가재정을 관장한 조정의 최고로 높은 공직자였다. 고위층 인사로 권력이 컸지만, 자신보다는 국가의 안위를 먼저 생각하여 조정에 6가지를 건의했다. 전부 채택되어 육조조서(六條詔書)를 반포하였다. 이 6가지 가운데 으뜸은 관리가 되려면 먼저 마음부터 다스려야 한다는 것이었다. 그는 깨끗한 마음, 즉 '청심(淸心)'을 최우선으로 힘써야 하는데 재물을 탐내지 않는 것을 말한다고 하였고 이것은 자신이 평생 신봉하는 마음가짐의 원칙이었다. "마음은 맑은 물과 같고, 몸은 흰 옥과도 같다"라고 하였는데 관건은 스스로 검소함과 절약을 받드는 것에 달려 있다고 하였다. 그는 자신을 위해 집과 땅을 사지 않았고, 집안사람이 세력을 믿고 돈과 재물을 긁어모으는 것을 금하여 청렴결백한 가풍을 지켰다.

소작은 집안 교육이 엄하고 분명했다. 그의 아들 소위(蘇威)는 수나라 양견을 지지하여 부친과 같은 탁지상서에 임명되고 재능이 있어 조정의 요직을 역임하였는데 이부상서가 되었다가 개황 9년(589년)에 재상에 해당하는 상서우복야에 임명되어 당시 '사귀(四貴)' 중의 하나가 되어 수나라 전장제도의 기틀을 마련하여 『개황률(開皇律)』을 편찬하였고, 수양제 때는 '오귀(五貴)' 중의 한 명이 되는 등 조정의 중요한 고위직 관리가 된 후에도 잠시 조정 내 붕당 결성의 밀고로 파면되는 정치적 동요가 있었으나 곧 복직한 일이 있었다. 수문제가 그에 대해 말하길, "사람들이 그가 청렴을 위장했다고 말하지만, 사실 그의 집에는 금은과 같은 재물은 없어 그러한 모함은 근거 없는 거짓말이다. 그는 성격이 괴팍하여 세상사의 관건을 몰랐고 명성을 급히 추구하다가 자신에게 순종하는 사람은 좋아하고 그를 거스르는 자에게 화를 낸 것이 그의 큰 결점이다"라고 하였다. 그는 여전히 부친의 가풍을 이어받아 생활 태도가 청빈하고 검소했으며 청렴하고 신중한 자세로 정평이 났다고 사가들이 칭송하였다.

당시 서위의 대권은 승상 우문태(宇文泰) 수중에 있었다. 우문태는 소작의 인물을 존중하고 믿었다. 매번 우문태가 외출할 때 먼저 자신의 승상 직인을 찍은 빈 공문서를 남겨 소작이 일에 따라 시행하도록 하였다. 그가 자기를 대신하여 승상의 명의로 임시 권력을 행사하도록 허락한 것이다. 그러나 소작은 공평하게 일을 처리하여 결코 사사로이 편중되게 하지 않았다.

소작은 49세의 일기로 세상을 떠난 뒤 사람들은 그의 집에 남은 재물이 거의 없었음을 발견했다.

소작(498년-546년)은 남북조 시기 서위의 유명한 대신으로 어려서부터 학문을 좋아하여 여러 방면의 책을 섭렵했는데 특히 산술(算術)을 잘했다. 우문태의 신임이 두터웠다. 소작이 임용되었을 때 각 부서에서 해결하기 어려운 일은 소작에게 청한 다음에야 결정하였다. 행정부서의 문서 격식도 제정하여 행대(行臺) 관리들이 소작의 재능을 칭찬하였다. 태조가 복야 주혜달(周惠達)과 정사를 논의하는데 그가 제대로 대답하지 못해 소작을 불러 물어본 다음 주혜달이 우문태에게 보고했는데 우문태도 소작의 의견이었음을 알고 그를 칭찬했다. 주혜달은 우문태에게 말했다.

"소작은 왕을 보좌할 만한 재주를 갖췄습니다."

"왕을 보좌할 만한 재주"란 '왕좌지재(王佐之才)'로 비범한 치국의 능력을 말한다. 우문태는 소작을 저작좌랑(著作佐郎)에 임명했다. 이 성어는 한나라 때 유학자 유향(劉向)이 동중서(董仲舒)를 칭한 것에서 유래하였다.

한 번은 우문태가 공경들과 함께 장안성 곤명지에서 낚시를 구경하는데 한나라 창고 유적지까지 걷게 되었다. 이 지역의 고사를 물어도 아무도 대답하는 사람이 없었다. 어떤 사람이 소작은 박학다식하니 그에게 물어보면 될 것이라고 말하자, 우문태가 그를 불러 묻자 소작이 대답하여 우문태가 기뻐했다. 또 천지조화의 유래와 역대 국가의 흥망을 묻자, 소작의 설명이 청산유수와도 같아 또 우문태는 기뻐했다. 우문태는 소작과 함께 말머리를 나란히 하고 낚시는 보지도 않았다. 그는 소작을 따로 불러 치국의 도를 물었고 누워서 소작의 말을 경청했다. 소작이 치국의 도를 밝혔는데 신불해, 한비의 핵심을 강술하자, 우문태가 자리에서 일어나 옷을 단정히 하고 정좌하여 자리를 소작 앞으로 당겨 소작 가까이에 다가섰다. 다음 날 우문태는 주혜달을 불러 말했다.

"소작은 정말로 재능이 출중하다. 정사를 맡길 만하다."

우문태는 소작을 대행대(大行臺)의 좌승(左丞)에 임명하고 국가의 기밀 대사를 결정하는 회의에 참여하게 하는 등 그에 대한 총애가 갈수록 두터웠다.

소작이 역사에 끼친 영향의 첫 번째 업적은 서위의 문제(文帝)가 대통 6년(541년)에 반포한 「육조조서」였다.

조서의 여섯 가지란 선치심(先治心), 돈교화(敦敎化), 진지리(盡地利), 탁현량(擢賢良), 휼옥송(恤獄訟), 균부역(均賦役)을 가리킨다.

첫째, 먼저 마음부터 다스리기.

백성을 다스리는 관건은 깨끗한 마음에 달려 있는데, 깨끗한 마음이란 마음이 맑고 온화하며, 뜻이 바르고 변함이 없음을 가리킨다. 이렇게 하면 사악한 마음이 생기지 않는다. 이와 관련하여 백성을 다스리려면 먼저 몸을 다스려야 한다. 마음은 맑은 물과 같고 몸은 흰 옥과 같아야 한다. 몸소 인의(仁義)를 행하고, 부모에게 효도하고 형제와 사이좋게 지내며, 윗사람에게 마음을 다하고 성실하여 믿음을 줘야 하며, 남에게 예의를 갖춰 대하고 양해하는 마음을 지녀야 하며, 청렴하고 공평해야 하며, 검소하고 절약해야 한다. 마음에 대한 우선적 통제는 집정자에 대한 바른 인식과 행동의 원칙의 요구인 것이다.

둘째, 돈독한 교화.

도덕 문화 교육을 선양하여 풍속을 바꾸고 백성의 검소하고 소박한 삶, 자애로움, 화목, 존경과 양보의 품격을 배양하는 것을 말한다.

셋째, 땅의 이익 최대한 활용.

농업과 뽕나무 재배를 권장하고, 농사지을 때를 놓치지 말며, 농업 생산을 높여야 함을 말한다.

넷째, 어질고 선량한 인재 발탁.

인재를 잘 발굴하고 인재를 과감하게 기용하며 인재가 실천하는 중에 성장할 수 있게 배려해야 한다. 절대 필요한 행정기구는 절대 필요한 것만 설치하되 간략하게 해야 하므로 불필요한 관원은 면직시켜야 한다.

다섯째, 소송 사건 구제.

소송 사건은 명확하고 단호하게 판결해야 하며, 형벌을 남용하지 말며, 사건에 맞게 벌을 주되 무겁고 가벼운 정도가 적절해야 한다.

여섯째, 세금과 부역의 균등.

부역은 균등하고 공평해야 하며, 부자와 가난한 사람을 구분하여 조정하되 호강(豪强)은 제외하고 가난한 사람에게만 부과해서는 안 된다.

우문태는 이 조서를 중시하여 백관이 모두 조서를 외우게 했으며, 각지 군수와 장관은 이 조서를 통달하지 못하면 관직을 박탈당할 정도였다. 또 학교를 세워 중하위급 관리를 선발하여 조서의 내용을 학습하게 했다. 이 조서는 서위 각급 관리의 시정 강령이자 준칙이 되었다. 당시 서위의 정치, 경제, 사회, 문화 각 방면의 개혁조치는 모두 이 조서에 근거하여 제정되었다. 이 조서의 실행으로 서위의 정치가 정돈되고 국력이 신장하는 데 커다란 역할을 다하였다. 원래 동위보다 국력이 약했던 서위는 신속하게 강해졌고 서위를 계승한 북주는 북방을 통일하였고 수나라는 북주를 멸하고 전국을 통일하는 데도 커다란 영향을 끼쳤다.

두 번째로 소작이 역사에 끼친 영향은 '주출묵입(朱出墨入)'의 시조였다는 점이다.

소작은 호적과 장부 기록의 법칙을 개혁했을 뿐만 아니라 '주출묵입'을 제출하여 장부 기록 방법의 시조가 되었다. 장부 기록과 호적을 통일한 내용과 규격은 수나라에 계승되어 발전하였다. 돈황에서 출토된 「대통 13년 과주(瓜州) 효곡현(效谷縣)의 계장(計帳)」 문서에서 볼 수 있듯이 호구 통계에 따라 호주 뒤에 가족의 구성원과 노비 등의 이름을 등기하고 사람의 성별, 나이를 기재했으며 국가가 수여한 땅의 면적과 세금을 낼 양의 숫자를 등기하였다. 이러한 기재 사항에 따라 국가 통계와 군사적 공적 발휘에 도움을 주는 중요한 기능이 있어 우문태가 중시했다.

소작은 문서 작성에 붉은색과 검은색을 사용하였다. 기재 방법은 또 홍두문건(紅頭文件)으로 발전하여 문안 작성의 양식이 되었다. 홍두문건 중 주출묵입이 가리키는 것은 조정에서 발령한 문건은 붉은색, 하급기관에서 상정한 문건은 검은색을 사용하였다. 이후의 각 왕조 조정에서 오가는 문서는 모두 이러한 격식을 사용한 것이다.

소작이 매번 공경들과 함께 정사를 논하느라 늦은 밤이 될 때까지 큰일이든 작은 일이든 처리하다 피로가 누적되어 그만 대통 12년

(546년)에 세상을 떠났다. 소작의 장례는 우문태가 그의 품덕을 존중하여 간략하게 치르도록 명령을 내렸다. 흰 베로 장식한 수레에 관을 싣게 하고 우문태는 직접 수레 뒤를 따르며 땅에 술을 뿌리며 말했다.

"소상서의 평생 한 일은 그의 처자식과 형제들은 모두 모르고 나만이 안다. 소상서, 그대만이 짐의 마음을 이해하고 나만이 그대를 이해했다. 함께 천하를 평정하였는데 불행히도 그대는 나를 버리고 떠나가니 어찌하란 말이냐?"

우문태는 통곡하다 그만 술잔을 땅에 떨어뜨리고 말았다. 소작을 안장한 날, 우문태는 사람을 보내 최고 장례규격인 태뢰(太牢)로 제를 올리게 하고 자신이 직접 제문(祭文)을 지어 소작을 칭송했다.

25

지나치게 청렴하고 조심한 **육지**

당나라 재상 육지(陸贄)는 일생을 청렴결백하게 살아 분수에 넘치는 재산은 조금도 가지지 않았다. 덕종은 일관되게 자신에게 가혹할 정도의 청렴을 요구하는 육지에게 밀지를 발급하여 말했다.

"경이 청렴하고 근신하여 많은 선물과 증정을 하나도 받지 않고 거절하면 일이 제대로 풀리지 않소. 귀중한 선물은 받지 않는 것이 낫지만, 신발 같은 작은 선물은 받아도 무방하오."

그러나 육지는 회답하였다.

"귀중한 예물은 분명 뇌물이지만, 작은 선물을 받는 것도 뇌물입니다. 뇌물의 길이 한 번 열리면 점차 뇌물이 심각해지고 작은 것의 이익을 얻으면 반드시 큰 것을 받는 것보다 폐해가 클 것입니다. 졸졸 흐르는 시냇물이 쉬지 않고 흐른다면 계속은 큰 재앙을 입을 것입니다. 뇌물을 없애는 풍조는 위에서부터 시작되어 솔선수범하여 모범이 되어야 합니다."

부동산 가격을 낮추려면 청와대 공직자부터 한 채만 남기고 모두 팔아치워서 집 없는 서민도 집을 갖게 되는 소원을 풀 수 있고 정부의 정책을 국민이 따를 것이다.

육지의 모친이 세상을 떠나자 3년 상을 치르는데 각지의 번진이 고의로 재상 육지와 결탁하고자 조의금으로 귀한 예물을 바쳤다. 육지가 그들에게 말했다.

"모친의 귀천은 사적인 일이오. 그대들은 나와 친하지도 않고 적대적이지도 않은데 이러한 귀중한 예물은 받지 않겠소. 도로 가져가시오!"

육지는 마침내 하나도 받지 않았다.

묘를 지킬 때 육지는 생활이 어려웠다. 비용을 절감하기 위해 그는 줄곧 낙양의 풍악사(豐樂寺) 안에서 기거하였고, 친구 위고(韋皐)의 도움을 받아 그럭저럭 연명하며 살아 난관을 극복할 수 있었다. 재상이란 고위직에 앉아있었지만, 모친의 장례비조차 마련하지 못해 친구의 도움으로 장례를 치를 수 있을 정도로 그는 청빈하게 살았다.

육지(754년-805년)는 소주 가흥, 지금의 절강 가흥(嘉興) 사람으로 중당 때 저명한 정치가이자 문학가였다. 율양(溧陽)의 현령 육간(陸侃)의 아홉 번째 아들이었지만 그가 어려서 죽어 집안은 무척 궁핍했다. 그는 독립된 견해를 가지고 있었고 지조를 지켜 남달랐고 유학 공부에 각고의 노력을 쏟았다. 대종 대력 6년(771년), 그의 나이 18세 때 진사에 합격하였고 화주(華州) 정현(鄭縣)의 현위를 맡았다가 모친을 뵈러 사직하고 고향으로 가던 중 수주(壽州)의 자사 장일(張鎰)이 명망이 높다는 말을 듣고 그를 찾아가서 알현했다. 그와 3일 동안 대화를 나눈 후 장일은 육지가 기이한 인재라고 여기고 그와 나이를 잊은 친구 관계를 맺었다.

육지가 그와 작별할 때 장일이 그에게 돈 백만 전을 주자, 육지가 거절하고는 겨우 찻잎 한 통만 달라고 했다. 육지가 그에게 말했다. "감히 공께서 주시는 후한 예물은 받을 수가 없습니다."

780년에 덕종(德宗) 이적(李適)이 등극한 후 사자를 전국에 파견하여 순시하게 했다. 육지가 사자를 유세하며 오술(五術)로 풍속과 민중의 사정을 살피게 했고, 팔계(八計)로 지방관의 공적을 고찰하게 했으며, 삼과(三科)로 재주와 지혜가 출중한 인재를 선발하고, 사부(四賦)로 재정을 관리하며, 육덕(六德)으로 피곤하여 심신이 지친 사람을 안정시키며, 오요(五要)로 불필요한 관원을 면직하라고 하였다. 덕종이 태자 때 육지의 명성을 들었는데 그를 한림학사에 임명했다. 육지는 진심으로 마음을 다하는 성격인지라 황제의 측근 관직을 맡은 후에 덕종이 자신을 이해하고 중용한다는 것을 느끼고는 보답하기 위해 크고 작은 정치의 폐단을 지적하여 덕종은 육지를 후하게 대우하였다.

육지가 한림학사가 된 후에 황제의 조서는 대부분 육지가 작성하여 덕종은 육지에게 의지하며 그를 중시하였다. 재상의 자리에 앉았을 때도 크고 작은 일 모두 덕종은 육지와 논의하였으므로 당시 사람들은 육지를 내상(內相)이라고 칭했다.

덕종 집권 초 난제는 군수 문제였다. 당시에 재상은 노기(盧杞)였는데 그는 조찬(趙贊)을 기용하여 재정 담당 관직인 판탁지(判度支)에 임명했지만, 그는 아무 대책이 없어 수도 장안의 부유한 상인은 백성들의 재물을 제멋대로 강탈하고 세금을 가혹하게 징수하여 백성들의 원한이 골수에 사무칠 정도였다. 또 노기는 어진 이를 질투하고 아부하며 거짓말을 일삼고 음해하였으며 자기에게 빌붙지 않으면 죽이기까지 하여 그 위세가 커졌고 권력도 오랫동안 쥐고 있었다. 이러한 간신 노기를 유지의 간언에도 불구하고 덕종이 비호하였다. 그러나 육지는 노기의 간사한 행위가 변란의 원인이었다고 간하였다. 건중(建中) 4년(783년)에 경원군(涇原軍)의 병변이 일어나 장안을 점령하여 덕종을 모시고 장안 서쪽 교외의 건현(乾縣)으로 피난하였고, 이듬해인 흥원(興元) 원년(784년)에 절도사 이회공(李懷光)이 반란을 일으켰다. 덕종은 육지의 노기에 대한 비판에 마음이 매우 기쁘지 않아 결국 육지를 파면하고 낮은 관리였던 유종일(劉從一), 강공보(姜公輔)를 재상에 앉혔다.

덕종이 다시 장안성으로 돌아온 후 육지를 다시 불러 한림학사에 임명했다. 모친이 세상을 떠났을 때 낙양의 절에서 머무르며 3년 상을 치르고 있는데 많은 사람이 조의를 표시하기 위해 보낸 예물은 받지 않았으나, 검남서천(劍南西川) 절도사 위고가 예물을 보냈는데 그는 육지가 가난했을 때의 친구였고 위고가 덕종이 육지에게 보내는 조의금이라고 하여 육지가 받았다.

모친의 상을 마친 후 육지는 조정으로 돌아와 병부시랑에 임명되었다가 다시 한림학사가 되었다. 이후 육지가 받은 덕종의 예우는 두터웠다. 육지가 집정 기간에 공적인 일에만 힘썼고 나라를 다스릴 계책을 마련하였으며 원대한 탁견을 갖췄다. 그는 당시 정치적 폐해에 대한 대책을 세웠고 덕종에게 충간하여 언로를 넓히고 직간을 수용하여 세금을 경감시켰으며 어진 인재를 등용하기를 권했다. 육지가 건의한 것은 대부분 덕종이 수용하여 실제 정책으로 실행되었다. 번진의 반란 때 조서를 작성하여 반포하였는데 전선의 장수들은 감동하여 눈물을 흘렸고 반란자 역시 읽고 표를 올려 사죄하기도 했다. 육지는 예견을 잘하고 시의적절하게 대책을 마련하여 실행에 옮겨 국가의 위기를 모면하여 잠시나마 정세가 안정되었다.

육지는 천성이 바르고 강직했으며 엄하게 자기를 단속했다. 스스로 "위로는 천자를 저버리지 않고, 아래로는 배운 것을 저버리지 않겠다"라고 다짐했다. 빈 판탁지 자리에 육지가 추천한 사람 대신 덕종이 배연령(裵延齡)을 등용했다. 육지가 덕종에게 간했다.

"배연령은 성격이 괴팍하고 흉악하며 조급해서 도리에 어긋나서 제멋대로 행동하므로 임용해서는 아니 됩니다."

덕종은 육지의 충언을 듣지 않았다. 배연령은 아첨하며 비위를 맞춰 덕종의 신용을 얻어 호부시랑에도 임명되었으나 천하 사람들은 그를 미워했다. 육지는 여러 차례 배연령의 죄행을 상서하여 고발하자 배연령의 모함을 받았고 덕종도 육지의 진언에 기뻐하지 않아 결국 정원 10년(794년)에 태자 빈객으로 파면되었다.

육지는 본성이 근신하며 조심성이 많아서 빈객과 사사로이 왕래하지 않았다. 배연령은 기회를 틈타 육지를 참언하기로 마음먹었다. 이듬해 봄에 기근이 들었는데 변방 군대에 마초와 군량이 지급되지 않자 구체적인 일을 논하여 고발하게 되었다. 마침내 육지가 군인의 마음을 동요시켰다고 상서하여 덕종이 화가 나서 육지 등 네 명을 주살하려고 했다. 다행히 간의대부 간관(諫官) 양성(陽城)이 상주하여 육지를 대신하여 사리를 정확히 판별하여 육지는 겨우 목숨을 건졌고 결국 충주(忠州), 지금의 중경 충현(忠縣) 별가로 강등되었다.

후에 덕종은 육지가 생각났는데 마침 설연(薛延)이 충주의 자사로 부임하자 그를 통해 덕종이 육지를 위로하는 말을 전달하게 하였다. 또 위고가 여러 차례 자기 대신 검남 절도사를 양보하였으나, 덕종은 옛날 원한을 기억하고 주지 않았다.

육지는 충주에서 10년을 있으면서 두문불출하여 그를 본 사람이 적었다. 그렇게 하여 그를 비방하는 말을 피하였으며 감히 책을 저술하지도 않았다. 동시에 지역의 기후가 열악하여 역병이 유행하자 그는 의학서『육씨집험방(陸氏集驗方)』50권을 저술하여 역병 치료에 사용하도록 하였다.

정원 21년(805년)에 순종(順宗)이 즉위하여 육지를 소환하였으나 도중에 육지는 세상을 떠났다. 향년 52세로 병부시랑이 추증되었고 시호는 선(宣)이었다.

26

청렴하고 엄숙했던 백지 장군 두섬

두섬(杜暹 ?-740년)은 하남 복양(濮陽) 사람이다. 그는 태도가 공손하고 예의가 발랐는데 특히 계모를 봉양하는 데 효성이 지극하기로 세상에 이름을 떨쳤다. 명경과 진사에 합격하여 첫 관직은 무주(婺州)의 참군(叅軍)이었다.

무주 참군의 임기가 만료되어 떠날 때 관리들이 그에게 만 장의 종이를 선물로 주었다. 당시에 관리 사회에서 예물은 종이였고, 종이는 값이 매우 비싸서 종이가 많고 적음이 부유함의 척도였다. 두섬이 그 가운데 백 장만 우정의 표시로 남기고 나머지는 도로 되돌려주었다. 동료들이 말했다.

"이전의 청렴한 관리도 큰돈을 받았는데 두섬은 그들과 다르다."

세상 사람들은 이때의 두섬을 '백지장군(百紙將軍)'이라고 불렀다.

얼마 후 정현(鄭縣)의 현위에 임명되었는데 그곳에서 청렴결백하고 검소하며 절약하는 생활을 하여 사람들에게 널리 알려졌다. 화주(華州)의 사마(司馬) 양부(陽孚)가 그를 알아보고 중시하였다. 얼마 후 양부가 대리정(大理正)으로 승진하였을 때, 두섬이 공무로 죄를 얻어 사법부에 보내져 단죄되었는데, 양부가 탄식하며 말했다.

"만약 이 현위가 처벌된다면, 청렴결백한 관리는 무엇으로 그들을 격려할 수 있겠는가?"

그는 특별히 재상에게 두섬을 추천하여 두섬은 대리평사(大理評事)가 되었다.

당현종 개원 4년(716년), 두섬이 감찰어사로 승진하였을 당시에 안서도호(安西都護) 곽건관(郭虔瓘)과 서돌궐 가한 사헌(史憲)이 서로 충돌하는 사건이 벌어졌다. 쌍방은 당나라 조정에 상주하여 상대방을 질책했다. 그래서 당나라 조정에서는 진상을 파악하기 위해 두섬을 현지에 파견하여 처리하도록 했다.

두섬이 양주(涼州)로 가서 막서(漠西)의 서돌궐이 친 장막에 먼저 도착하여 조사하였다. 서돌궐은 당 조정에서 파견된 사자를 보고 그를 연회에 초대하고는 많은 황금을 선사했다. 그러나 두섬이 거절하자 부드럽게 두섬을 설득했다.

"먼 변방까지 오셨는데, 지역민의 마음을 저버려서는 아니 됩니다. 그렇지 않으면 변방의 안정에 영향을 끼칠 것입니다."

두섬이 할 수 없어 황금을 받아놓았다. 서돌궐 사람들이 돌아간 뒤에 사람을 시켜 황금을 장막 안 땅속에 묻게 하였다. 며칠 후 두섬이 서돌궐을 떠날 때 얼마간 간 뒤에 공문으로 서돌궐 가한에게 통지했다. 장막 안 땅속에 황금을 묻어놨다고 알렸다. 서돌궐 가한이 놀라며 감동했다.

두섬은 여러 차례 승진하여 급사중이 되었다. 개원 12년에 안서도호 장효숭(張孝崇)이 태원윤으로 전임 가서 누군가 두섬을 그 자리에 추천하였고 또 그의 청렴과 근면함을 기억하고 있는 서돌궐이 당 조정에 상주하여 두섬을 안서에 파견해달라고 청했다. 당 조정이 이를 알고 두섬을 안서부도호에 임명하고 파견했다. 이듬해에 우전(于闐)의 왕 위지조(尉遲眺)가 몰래 돌궐과 결탁하여 반란을 일으켰다. 두섬이 그들의 음모를 탐지하고 군사를 일으켜 왕을 체포하여 목을 벤 다음 그의 측근 50여 명을 주살하였다. 군장을 다시 선발하여 우전을 다스리게 하여 우전은 안정을 되찾았다.

두섬은 4년 동안 변방에 있으면서 변방을 안정시키고 장수와 병사를 위로하였으며 근면하게 고생하는 수고를 마다하지 않아 지역 사람들의 인심을 얻었다.

개원 14년(726년), 황문시랑, 동평장사에 임명되어 재상이 되었다.

개원 20년(732년), 두섬은 호부상서에 임명되었다. 황제가 낙양으로 순행하면서 두섬을 장안의 유수(留守)에 임명하고 장안성을 지키게 했다. 두섬은 병사들이 순서에 따라 순찰하게 하고 성벽을 높이 쌓고 자신도 순찰을 게을리하지 않았다. 황제가 그 소식을 듣고 그를 칭찬하며 말했다.

"경은 청렴하고 정직하며 근면하고 능력이 있소. 유수의 관직을 맡아 그 소임을 다했소. 정치를 잘 다스려 관리들은 정돈되고 엄숙해졌으며, 은혜가 백성에까지 두루 미쳤으니 짐의 마음이 매우 기쁘고 안심이 되오."

개원 24년(736년), 당현종의 간신 이림보(李林甫)가 중서령(中書令)에 임명되었고, 두섬은 이림보로 대체되었다.

개원 28년(740년), 두섬은 중병에 걸려 임종할 때 아들에게 말했다.

"내가 죽으면 장례 치를 물품을 지역민들에게서 거두지 말라."

역사가들은 그는 "청렴결백하고 경건한 사람이었다"라고 기록하였다. 시호는 정효(貞孝)다.

27

부정한 수단으로 부자가 되길 거부한 **요숭**

　요숭(姚崇)은 당 왕조의 황제 셋을 모신 재상이었다. 현종을 도와 개혁을 실행하고 정치 폐해를 시정하여 '개원성세(開元盛世)'를 실현하는 데 중요한 역할을 담당하였다. 그러나 그는 검소하고 절약하며 청렴하고 사욕이 없었다. 「오계편(五誠篇)」을 지어 "정치를 공적인 일로 삼는 데 조금도 어긋남이 없었고, 자기 자신이 바르면 명령하지 않아도 행해졌다"라고 했고, 「빙호부(氷壺賦)」에서는 "부정한 수단으로 부자가 되기보다는 차라리 지조를 지키며 청렴결백하며 가난하게 살겠다"라고 하였다.

　요숭은 자신이 앞장서서 낡은 풍습습관을 고쳤다. 그는 재상이 되었을 때 관사를 설치하지 않고 조정에서 먼 곳에 살았다. 조정에 가서 공무를 처리할 때 길이 멀어서 날이 어두워져서야 집에 도착하였다. 그래서 부근의 망극사(岡極寺)에서 살았다. 현종은 그가 중서성 소속 사방관(四方館)에서 살도록 허락했지만, 그는 처리해야 할 공문서가 많아 가족이 살기에 적합하지 않다는 이유로 옛날 집에서 살았다.

개원 4년, 그의 아들이 널리 빈객들로부터 선물을 받아 자신이 재상인데 국가에 부끄럽고 게다가 중서성 주부 조회(趙誨)가 호인의 뇌물을 받아먹었다는 이유로 자진해서 재상직에서 사직했다.

개원 9년, 병에 걸려 임종 때 아들에게 유언을 남겼다.

"염할 때 평상복으로 입혀라."

요숭(651년-721년)은 본명이 원숭(元崇)으로 섬주(陝州) 섬석(陝石), 지금의 하남 섬현(陝縣) 사람이다. 당 왕조 때 유명한 재상이며 저명한 정치가였다. 측천무후, 예종, 현종 때 재상 겸 병부상서를 지냈다.

요숭은 젊어서 소탈하고 지조를 중시했으며 무예 연습에 몰두했고 수렵을 즐겼다. 20세부터 공부에 전념하였다. 무측천 집정 때 배반한 돌궐족 가운데 그와 이름이 같은 자가 있어 요원지(姚元之)로 바꾸었다. 원지는 원래 그의 자(字)다. 만세통천(萬歲通天) 원년(696년), 거란족 이진충(李盡忠)과 손만영(孫萬榮)이 하북을 침범하여 여러 주를 점령했을 때 군사 업무가 복잡하고 격문이 빗발치자 요숭이 나서서 조리 있게 분석하여 무측천이 그를 칭찬하여 병부상서에 임명되어 재상이 되었다.

신룡(神龍) 원년(705년), 요숭은 장간지(張柬之) 등 오왕(五王) 다섯 명이 현무문을 지키는 우우림(右羽林)대장군 이다조(李多祚)와 연합하여 발동한 궁정 정변을 도와 무측천의 오랜 기간 악행만 일삼던 남총(男寵) 장역지(張易之), 장종창(張宗昌) 형제와 그들의 세력을 제거하고, 중병을 잃고 있던 무측천을 압박하여 퇴위시켰다. 중종 이현(李顯), 황후 위씨(韋氏), 안락공주(安樂公主) 그리고 두 장씨를 죽인 무측천의 조카 무삼사(武三思)가 조정의 정치를 간섭하기 시작했다. 중종의 세 번째 아들 태자 중준(重俊)은 신룡 3년(707년)에 우우림대장군 이다조를 매수하여 무삼사와 무숭훈(武崇訓) 부자를 죽이고 궁중으로 들어가 위후와 안락공주를 주살하려다가 중종의 저지로 실패하였다.

경룡(景龍) 4년(710년), 제2의 무측천이 되고 싶었던 위후가 무숭훈의 부인이었다가 남편이 죽은 뒤에 무승사(武承嗣)의 차남 무연수(武延秀)의 처가 된 안락공주와 결탁하여 중종을 독살한 뒤, 중종의 가장 어린 16살 이중무(李重茂)를 태자로 세우고 자기가 정권을 통제하였다. 태평공주, 중종, 후에 현종으로 등극할 이융기(李隆基)의 부친 이단(李旦) 모두 무측천의 소생들이었다. 이융기는 금군 만기(萬騎)를 자기편으로 끌어들였고 고모 태평공주(太平公主)의 지지를 얻으려고 했다. 태평공주의 성격은 무측천과 같아 능력이 있었다. 위후가 중종이 죽은 후 유언의 기초 과정에서 위후가 태평공주를 배척했다. 이때 이융기가 고모 태평공주와 공동으로 위후에 대적하는 일을 주도하여 두 사람은 연합하였다.

이융기가 마침내 6월 20일에 정변을 일으켰다. 그는 먼저 당태종의 정변을 모방하여 현무문부터 장악한 다음 금궁(禁宮)으로 돌진했다. 위후와 안락공주는 혼란 중에 피살되었다. 정변이 순조롭게 진행되어 그 날 저녁 이중무 즉위식이 거행되어 그가 소제(少帝)이다. 이융기가 이렇게 한 것은 황위 찬탈을 모면하기 위한 임시방편이었다. 이융기의 부친 상왕(相王)이 소제를 보필하였고, 조정의 실권은 이융기에 의해 조종되었다. 태평공주가 소제의 퇴위를 압박하였다. 상왕이 황위를 계승하여 모친 무측천에 의해 퇴위당했던 예종(睿宗)

이 다시 황제에 등극했다. 예종 즉위 후 태자를 세우는 일이 최우선이었다. 예종에게는 여섯 명의 아들이 있었다. 처음 예종이 황제였을 때 태자는 장남인 이성기(李成器)였다. 당시 이성기의 나이는 6세였지만, 이미 32세가 되었다. 장남이 황태자가 되는 것이 순리였지만, 예종 등극의 일등공신은 셋째 아들 이융기였기 때문에 며칠 동안의 토론을 거친 뒤 이융기가 태자가 되었다. 그러나 궁중 안팎에서 "태자가 장남이 아니니 태자가 될 수 없다"라는 소문이 돌았다. 태평공주가 퍼뜨린 것이었다. 두 사람의 성격이 이러한 갈등을 초래하였다. 태평공주는 성격이 강하여 예종이 등극한 후 정사의 중대한 결정은 사전에 모두 태평공주의 의견을 구해야 했다. 조정에서 결정할 수 없는 일은 재상이 태평공주에게서 의견을 구하여 정사에 간섭한다는 의심을 받았다. 당시 태자 이융기는 26세였다. 고모 태평공주의 건의는 항상 듣지 않았다. 태자를 옹호하는 보필 대신이 바로 요숭과 송경이었다.

조정 내 권력투쟁이 일어났다. 태평공주는 예종을 압박하여 이융기는 장남이 아니므로 태자를 이성기로 바꾸라고 요구했다. 예종 이단의 성격은 그의 부친 고종 이치를 닮아 유약하였다. 그는 하나는 친아들이고 다른 하나는 친여동생이어서 곤란한 상황에 빠지게 되었다. 그래서 예종은 균형을 잡기 위해 태자의 중요한 보필 대신 요숭과 송경을 외근하게 하고, 태평공주도 산서 서남부 포주(蒲州)로 보내졌다. 예종은 마침내 자신은 퇴위하고 태자에게 황위를 넘기려고 하였으나 태평공주가 반대했다. 태평공주는 포주에서 장안으로 돌아온 후 자신의 측근을 요직에 앉히고 태자를 제거하려고 했다.

연화(延和) 원년(712년) 7월, 태평공주는 갑자기 생각을 바꿔 이융기의 황위 계승을 재촉했다. 왜냐하면, 이번 달에 혜성이 출현하여 점성술사에게 점을 치게 했더니 결론이 태자가 천자가 되어야 하는데 천자가 되지 못하면 태자 자리를 떠나게 된다는 것이었다. 사실 태평공주의 목적은 태자 이융기와 예종의 사이를 이간질하는 것이었다. 이융기가 빨리 등극하고 싶어서 예종의 황위를 빼앗게 될 것이며, 만약 이때 예종이 황위를 태자 이융기에게 물려주지 않는다면, 이성기를 태자로 세울 것으로 예측했다. 그러나 태평공주가 예상하지 못한 것은 이 일이 재주를 피우려다 일을 망치게 되었다는 점이다. 예종이 마침 적절한 시기에 퇴위할 이유를 찾지 못하고 있는데 혜성이 나타나 의심할 바 없이 하늘이 자신에게 보내준 절호의 이유이고 또 이것은 태평공주가 제출한 것이기도 하다고 생각했다. 그래서 이번 달이 다 지나기 전에 즉 선천(先天) 원년(712년) 8월에 28세의 이융기가 황위를 계승하였는데, 이 사람이 바로 당현종이다. 이 일은 태평공주 예상 밖이었다.

현종이 즉위했지만, 실권은 여전히 태상황 수중에 있었다. 이것은 분명 일종의 타협한 결과였다. 만약 현재 전면적으로 권력을 인수한다면 고모 태평공주와 충돌할 것이 분명했다. 예종이 계속 정권을 장악하게 하여 이것이 현종과 태평공주 사이에 완충 작용을 하게 되었다. 당연히 이것도 표면적인 현상이었고, 이때 쌍방은 공개적인 활동을 하기 전에 책략을 세워 암살을 꾸미고 있었다. 둘 중의 하나는 반드시 멸망해야 했다.

태평공주가 먼저 손을 썼다. 선천 2년(713년) 7월 4일, 군사를 일으켰다. 금군의 병사가 반란을 일으켜 무력으로 현종을 폐위하려고 하였다. 그러나 이렇게 중요한 정보를 재상 위지고(魏知古)가 현종에게 보고하였다. 현종은 반란하기로 한 날 바로 전날에 행동을 개시하기로 정하였다. 황제 자신이 출마하였다. 먼저 태평공주의 도당

상원개(常元楷), 이자(李慈)를 참살하고 금군을 통제했다. 후에 태평공주를 따르는 몇 명의 재상을 체포하여 죽였고 최후에 태평공주와 그의 가족을 사사하였다. 겨우 며칠 만에 태평공주의 세력을 일망타진하였다.

현종이 친정하고 정국이 불안하였던 이유는 외척, 공주, 공신의 역량이 황제를 능가하여 황제 자신이 권위를 세울 수 없었기 때문이다. 이때 재상 요숭이 현종에게 건의하여 공신을 등용하지 않아야 황제에게 위협이 되지 못한다고 하였다. 현종은 요숭의 건의대로 공신 곽원진(郭元振)의 병권을 빼앗고 군대를 다스리는 데 엄하지 못하다는 이유로 당소(唐紹)를 참살하여 현종의 절대적 권위가 건립되었다. 그러나 무조건 공신을 다 죽인 것은 아니고, 대부분 공신은 지방의 자사로 내보냈다. 진정으로 황권에 위협이 되고 권력을 빼앗을 수 있는 존재는 당연히 황족 내부에 있었다. 그래서 현종은 같은 방식으로 왕자들을 지방의 자사로 추방하였다. 자신의 형제들은 조정의 정치에 참여하지 못하도록 하였으며 또 그들이 조정의 내외 대신들과 왕래하는 것도 불허했다. 다만 현종은 특별히 형제간의 우의를 중시하여 비록 정치 단속은 엄했지만, 형제간의 정에 영향을 미치지 않도록 천륜 사이의 집회나 연회는 열어서 서로 만났다.

현종이 개원 연간에 인재 등용에 성공하여 커다란 업적을 남길 수 있었던 원인은 위징, 방현령, 두여회처럼 현종의 두 어진 재상 요숭과 송경 때문이었다. 역사상 이전에는 방현령과 두여회, 이후에는 요숭과 송경이라는 설이 있다. 사실 태종의 치국의 도는 본래 고종, 중종, 예종의 모방 대상이었지만, 아쉽게도 몇몇 황제는 모두 성과가 없었다. 이때 그의 손자 현종 이융기가 태종의 유업을 이었다. 다만 반쪽뿐이었다. 현종 치국의 전반부는 성공적이었다. 요숭과 송경이 현종 이전에 재상이었지만, 현종 때처럼 성세를 이룩하지 못하고 현종 때 이룩한 것은 그 이유가 무엇일까?

현종이 등극했을 때 개원 원년(713년)에 또 연호와 이름이 같아 이를 피하여 숭(崇)이라고 했다. 현종이 등극한 지 2년이 되어 몇 차례 순찰을 할 때 요숭을 만났다. 당시 요숭은 동주(同州), 지금의 섬서성 대여(大荔)의 자사로 있었다. 현종이 요숭에게 정사를 물었고 요숭은 「십사요설(十事要說)」을 제출하여 새로운 정치의 실행을 주장하였는데 그의 정치사상이었다. 그 가운데 네 번째는 공공연히 태평공주 세력을 멸할 것을 요구하는 건의였다. 현종을 그를 재상에 앉혔다. 요숭이 재상에 임명된 후에 태평공주가 창끝을 요숭에게 겨누어 요숭은 정치투쟁 가운데 억울한 일을 당하였다. 현종은 요숭의 정치 건의를 듣고 수용하여 개원성세 국면을 맞이할 수 있었다.

요숭은 사회개혁을 추진하였는데, 사회 폐단을 제거하고 관리를 정돈하고 권세가와 귀족을 억제하며 농업 생산을 발전시키며 관리를 인재로 선발하여 정치 경제의 기초를 마련하였다.

집정 3년 동안 개혁을 주도하여 "시대를 구한 재상(救世宰相)"으로 불렸다. 방현령(房玄齡), 두여회(杜如晦), 송경(宋璟)과 더불어 당 왕조 4대 어진 재상으로 손꼽힌다.

개원 9년(721년), 세상을 떠났다. 향년 71세였다. 조정에서 태보(太保)를 추증하였고 시호는 문정(文貞)이다.

28

자기 봉급으로
가난한 백성을 구제한 **노균**

　당 왕조 때 청렴한 관리 노균(盧鈞)은 일생을 청렴함으로 자신을 단속하였는데 죽을 때까지 변함이 없었다. 문종 개성(開成) 원년에 광주의 자사, 어사대부, 영남 절도사를 역임했다. 광주는 상인들이 운집하는 대도시로 무역이 번창하였다. 그가 부임한 후 상인들이 관례에 따라 줄지어 그를 찾아와 후한 예물을 바치며 보살핌을 구하였다. 노균이 사양하자, 지역민들은 탄복하지 않을 수 없어 세상 사람들이 노균은 청렴한 관리라고 칭송했다.

　노균은 청렴을 정치의 근본으로 삼아 엄격하게 부하를 단속하였고 사회질서를 유지했으며 침탈을 당한 연해 백성들을 위로하였다. 정원(貞元) 이후에 적지 않은 중원의 인사와 관리가 죄를 지어 영남으로 추방되어 오면 의지할 곳을 잃어 떠돌아다녔고 생활이 궁핍하여 비록 사면을 받는다 하여도 귀향할 힘이 없었다. 노균은 그들을 불쌍히 여겨 자신의 봉급으로 그들을 구제했는데, 병든 자에게는 약을 주고 죽은 자는 대신 장례를 치러주었으며 고아나 어린 여자를 위해 결혼까지 시켜주었는데 수백 명에 이른다.

백성들은 그의 덕과 의로운 마음에 감복하여 명령을 엄하게 하지 않아도 모두 그를 따랐다. 노균이 남북으로 여러 지역에 부임하여 여러 관직을 역임해도 마음이 어질고 관대하며 성실하게 상응하는 조치를 실행하여 백성의 부담을 덜어주어 산업 생산력을 발전시켰다. 그가 재상에 임명되어 고위공직자가 되었는데 평상시 옷을 입어도 신분이 분명하게 드러나지 않아 보통 사람과 같았다.

그는 평생 다른 돈벌이를 하지 않았고 87세의 나이로 세상을 떠났을 때 집안에 남은 재산이 없었다. 선종이 조서를 내려 노균은 "온화한 태도가 쇠하지 않았고, 청렴한 정신은 바꾸지 않았다"라고 하였다.

노균은 당나라 문종(文宗) 대화(大和) 5년(831년)에 노균이 좌보궐(左補闕)에 임명되었다. 이때 문종은 그의 조부 헌종(憲宗)과 형 경종(敬宗)이 환관에게 살해되었기 때문에 재상 송신석(宋申錫)이 충성스럽고 신중한 인물이라고 여겨 그를 재상 자리에 앉힌 뒤 그와 몰래 상의하여 조정의 권력을 농단하는 환관들을 주살하여 제거하는 '감로지변(甘露之變)'을 일으켰다. 그러나 송신석은 왕번(王璠)을 경조윤(京兆尹)에 임명하고 자신과 문종과의 이 계획을 그에게 알려주었는데 왕번이 이 계획을 그만 누설하고 말았다. 신책군(神策軍)을 장악한 환관 왕수징(王守澄)에게 알려주었고 그의 조수 정주(鄭注)도 알게 되었다. 정주가 신책군 수령 두노저(豆盧著)를 시켜 송신석이 문종의 동생 장왕(漳王) 이주(李湊)와 모의하여 문종을 전복시키고 황위 자리에 앉으려고 한다고 무고하였다. 문종이 이를 그대로 사실로 믿고 화를 내며 조사하도록 하였다. 왕수징은 신책군이 송신석을 멸문하길 희망했다. 내관 마존량(馬存亮)이 제지했다. 문종은 즉시 모든 재상을 소집했다. 송신석, 우승유(牛僧孺) 등 네 명의 재상이 궁에 도착했을 때 어느 환관이 송신석은 부르지 않았다고 거짓말을 하여 송신석은 자신이 이미 죄를 지었다고 여겨 집으로 돌아가서 평복을 갈아입고 편안한 마음으로 소명을 기다렸다. 송신석의 부인이 송재상에게 말했다.

"당신은 재상으로 조정의 최고위 공직자인데 왜 모반하였소?"

송신석이 부인에게 대답했다.

"나는 일개 서생으로 황상의 은혜를 입어 재상이 되었는데 간신들에게 모함을 받았소. 내가 어찌 모반할 수 있겠소?"

송신석을 제외한 세 명의 재상이 문종을 알현하자, 문종이 왕수징의 상주문을 보여주었다.

송신석은 태자좌서자(太子左庶子)로 강등되었다. 어떤 누구도 감히 공개적으로 송신석이 무고를 당했다고 말하는 자가 없었다. 문종이 노균 등 조정의 고위 대신들을 소집하여 의견을 청취했다. 대신들이 문종에게 건의했다.

"황상께서 다시 재상들과 상의하시고 적당한 부서에서 조사하도록 하시기 바랍니다."

문종은 재상들과 이미 상의했다고 하며 거절하자, 우승유가 말했다.

"송신석은 이미 재상인데 무엇을 위해 모반하겠습니까? 그는 모반했을 리가 없습니다."

정주는 왕수징에게 송신석을 처결하지 않는 것이 좋겠다고 건의하자 송신석은 유배를 당했다.

송신석은 개주(開州), 지금의 중경의 사마가 되었다.

송신석이 재상으로 있을 때 전국 각지로부터 오는 뇌물을 거절했다. 조사 기관에서 그의 집을 수색했을 때 그가 받아서 거절한 뇌물을 기록한 문서만 나왔다. 세상 사람들은 그가 유배당한 것을 슬퍼했다고 한다.

833년에 송신석이 죽었다. 836년에 정주가 마음을 고쳐먹고 문종의 환관 제거에 도움을 주었다. 송신석의 명예는 회복되었고 병부상서가 추증되었다.

이 사건으로 노균이 유명해졌다. 이후로 상서랑, 상주 자사에 임명되었다.

개성 원년(836년), 노균은 광주 자사로 부임했다. 광주는 해상무역의 기점으로 진귀한 보화가 많이 모이는 곳이어서 전임 절도사는 재임 중에 이러한 재물로 치부하고자 갖은 수단을 이용하였는데 전근갈 때 수레에 가득 싣고 돌아갔다. 노균은 청렴하여 이러한 재물을 갈취하지 않았고, 감군(監軍)에게 청하여 해외무역을 담당한 시박사(市舶使)에 대한 통솔을 겸하게 하고 자신은 전혀 간여하지 않았다.

그가 광주에 부임하기 전 이 지역의 이민족은 한족과 섞여 살며 한족과 통혼하여 경작지를 점거하고 집을 지어 때때로 한족과 충돌하는 사건이 발생하였다. 노균은 그들의 통혼을 금지하고 개인 명의로 토지 구매를 폐기하는 법을 엄하게 실행하여 사회가 안정되었다.

덕종 정원 연간(785년-805년)에 영남으로 유배당해 온 사람의 자손들은 가난하여 귀향하지 못하여 죽은 자들은 노균이 대신 자신의 봉록으로 매장해주고 병든 자는 약으로 치료해주거나 죽으면 대신 장례를 치러주어 수백 명을 구제하였으므로 영남 사람들이 감동하여 산월(山越)의 옛 풍속을 바꾸었다. 또 노균은 지역민을 삭탈하는 채금세(采金稅)를 폐기하여 백성들의 부담을 경감시켜 영남 사람의 인심을 얻었으며, 또 임기 3년이 만료되어 떠날 때 수천 명이 장안까지 따라와서 노균의 공덕을 기리기 위해 살아있는 사람의 사당을 세우겠다고 하였으나 노균이 만류하였다.

무종(武宗) 회창(會昌) 연간(841년-846년), 한수(漢水)가 양양(襄陽)을 덮쳐 큰 홍수가 발생했다. 무종은 노균을 양주(襄州), 지금의 호북 양번(襄樊)의 자사와 산남동도(山南東道) 절도사에 임명하고 수재를 다스리라고 하였다. 노균은 6천 보(步) 제방을 쌓아 수해를 막아냈다.

회창 3년(843년) 조정에서 반란을 일으킨 소의(昭義), 지금의 산서 장치(長治) 절도사 유진(劉鎭)을 정벌하기 위해 군사를 출정시키는데 무종은 노균이 마음이 관대하고 후덕하여 민심을 얻을 수 있다고 판단하여 그를 소의군(昭義軍) 절도사에 임명하였다. 유진의 난이 평정된 후에 노균이 부임하여 관대하고 후한 은혜를 지역민에게 베풀어 군민의 마음을 안정시켰다.

함통(咸通) 5년(864년) 87세의 일기로 세상을 떠났고, 조정에서 태부를 추증하였으며 시호는 원(元)이었다.

노균은 중국 최초의 외국인 아랍 귀족 출신 이언승(李彦承)이 과거 시험을 치르고 조정의 한림학사에 임명한 다문화주의자였다.

동한 때부터 당대에 이르기까지 대식(大食), 즉 아랍과 파사(波斯), 즉 페르시아 상인이 무역 관계로 중국에 많이 들어왔다. 장안, 낙양, 광주 등 대도시에 거주하며 상업 활동을 하였는데 사서에 중국에 정착한 번객(蕃客)이 갈수록 많아져 당 조정은 그들을 관리하는 데 편의 때문에 번방(蕃坊)을 설치하기 시작했다. 광주 번방의 경우 수십만 명의 아랍 상인이 살았다.

번방은 자치가 원칙이었는데 최고관리자 번장(蕃長)은 번객들이 자주적으로 선출하였고 지방 장관과 동등한 대우를 받았다. 지역 관아도 제멋대로 번방의 사무를 간섭할 수 없었다. 번객은 중국 여자와 결혼할 수 있었고 자식도 낳았으며 학교도 개설하고 과거 시험을 볼 수 있었다.

선종 대중(大中) 2년(848년)에 합격한 진사 가운데 이언승이 포함되었다. 이언승이 변주(汴州), 지금의 개봉에서 장사할 때 소개를 받아 선무 절도사로 있던 노균을 알게 되어 교류하였는데 이언승의 한어 능력, 유가 경전에 대한 이해도, 수준급의 시 창작 능력을 알아보고 선종에게 그가 과거 시험에 참여할 수 있도록 배려해달라고 청하였다. 선종이 허가하여 이언승이 합격하였는데 전국 합격자는 23명뿐이었다.

그러나 조정에서는 안록산의 난 때처럼 이민족 출신의 안록산과 사사명처럼 그가 후에 지위가 높아져서 반란을 일으킬까 걱정되어 반대하였다. 노균이 조정 대신들에게 말했다.

"진정으로 재주와 학문이 있으며 중화를 사랑하므로 몸은 이민족이지만 마음은 중화이다."

"신체는 이민족이고 마음은 중국인이다"라는 '형이이심화(形夷而心華)'라는 그의 말은 바로 다문화주의의 선구적 발언이다. 중국 역사상 유일한 아랍 진사를 황제가 한림학사에 임명하였으나 조정에서 격렬한 논쟁이 일어났다. 선종은 노균의 말에 일리가 있다고 여겨 이언승을 진사 합격에 동의하고 그를 한림학사에 임명했다. 사서에서는 이를 '파천황(破天荒)' 사건이라고 기록했다. 미증유라는 뜻인데 당 왕조 때 형주(荊州)에 과거 합격자가 한 명도 나오지 않자 황무지라는 뜻의 천황(天荒)이라 일컬었는데 후에 유세(劉蛻)가 처음으로 급제하여 천황을 개척하였다는 고사에서 유래하였다.

29

신발이 벗겨지고 등자가 끊어져
못 떠난 **최융**

최융(崔戎)의 선조는 하북 박릉(博陵), 지금의 하북 정주(定州) 형수(衡水)이고 본인은 항주(恒州), 지금의 하북성 석가장(石家莊) 정형(井陘) 사람이다. 조부 최영(崔嬰)은 영주(郢州)의 자사를 지냈고, 부친 최정고(崔貞固)는 지금의 산서 태원 유차(楡次)의 현위였다.

최융은 과거 급제하여 출사한 후, 일찍이 섬서 남전(藍田)의 주부, 헌종(憲宗) 때는 전중시어사, 간의대부를 맡았다. 그는 관직에 있을 때, 오로지 백성의 고초와 이해에 관련된 일 처리를 자신의 임무로 여겨 적극적으로 백성을 위한 일을 실행에 옮겼다.

검남선무사(劍南宣撫使)를 맡았을 때 조정에 상주하길 상식 밖의 생강과 토란과 같은 농산물에 대해 부과한 가혹한 세금인 강우세(姜芋稅)를 폐지하길 청하였다. 세금 외의 증세를 취소하여 백성의 부담이 합리적이어야 하며 공적인 일과 사적인 일 모두를 고려하여 세금을 징수하여야 한다고 주장하니, 백성들이 그를 사랑하고 추대하였다.

백성의 고초에 대한 최융의 관심은 그가 화주(華州)의 자사였을 때 가장 두드러진다. 중당 후반기 정치는 날로 부패해졌고 관리의 뇌물수수는 일상이 되었으며 그 반대는 비정상적이었다. 관례에 따라 화주에서는 오로지 동전 만 관(貫)은 자사가 개인용으로 쓸 수 있도록 정해져 있었다. 최융이 화주에 도착한 후 이 돈에 손도 대지 않았다. 그가 전근 갈 때 관리 사회의 이러한 폐단을 개혁하기 위해 부하관리들을 불러 말했다.

"이 해마다 쌓아 온 돈은 전부 군대에 남겨 사병들 생활을 개선하는 것에 사용하도록 하라."

화주의 백성들이 이 소식을 들은 후에 백성을 사랑하는 자사에 크게 탄복하였고 그에 대한 깊은 감정을 품게 되었다. 최융이 산동 연주(兗州)의 관찰사로 승진하여 화주를 떠나게 되었으나 백성들은 그를 놓아주지 않았다. 길을 떠나는 날 화주의 백성 남녀노소 모두가 줄지어 길을 막고 그가 길을 떠나지 못하게 막았다. 심지어 그의 신발을 억지로 벗기고 말등자를 끊어버려 만류의 정을 결연하게 나타냈다. 또 그의 전근을 담당하는 관리를 찾아가서 눈물로 호소하며 황제에게 상주하여 명을 거두도록 청했다. 이러한 절규는 깊은 감동을 주어 백성 대신 황제에게 상주하겠다는 대답을 얻어냈다.

최융은 출발이 막혀 몸을 뺄 수 없어 백성들을 설득하여 조정의 명을 거역할 수는 없다고 통사정하였다. 백발이 성성한 노인이 최융에게 말했다.

"대인을 만류하여 황제에게 저촉되면 황제가 앞장선 쓸모없는 노인을 죽여서라도 대인을 화주에 머물게 할 수만 있다면 우리가 죽는 것은 진정으로 모두가 원하는 바입니다."

이렇게 밤늦게까지 백성들은 흩어지지 않았다. 할 수 없이 최융은 한밤중에 말을 타고 몰래 홀로 마을을 빠져나갔다. 이 사실을 안 백성들이 횃불을 들고 최융을 뒤쫓았지만, 새벽이 되어도 최융을 찾지 못해 화주로 되돌아왔다.

대화(大和) 7년(834년)에 만당 때 대표적인 시인인 이상은(李商隱)은 최융의 내외종 사촌이었는데 과거에 불합격하여 실의에 빠졌을 때, 최융이 종남산 절을 소개하여 과거 시험 공부에 전념할 수 있도록 배려해주었다. 그의 두 아들 최옹(崔雍)과 최연(崔兗)과 친했는데 이상은이 최 씨 집을 떠나 장안 근처 낙씨(駱氏)의 정자에 하루를 묵게 되었을 때 지은 시를 보면 우정이 깊었음을 알 수 있는 동시에 친구가 생각나면서 가을에 느끼는 서정을 표현하였다.

물가의 정자 난간 먼지 하나 없고,	죽오무진수함청(竹塢無塵水檻淸)
멀리서 장안성을 그리워하네.	상사초체격중성(相思迢遞隔重城)
가을 구름 모여 이슬은 저녁에 맺고,	추음불산상비만(秋陰不散霜飛晚)
남겨진 마른 연잎에 빗소리 들리네.	유득고하청우성(留得枯荷聽雨聲)

저녁 빗소리에 잠 못 이루는 나그네의 고독을 나타냈다.

30

가난해도 뒷거래를 거절한 두보

두보(杜甫)는 중국 최고의 시인이자 세계 문학가 명인 중의 한 사람이다. 그러나 그는 태어나면서 때를 못 만나 일생을 곤궁에 빠져 유랑생활로 힘들고 고달픈 삶을 살았다. 당시 뜻을 펼칠 수 있는 유일한 길인 과거 시험에도 여러 차례 낙방하여 실의에 빠져 더욱 그의 삶은 전도가 밝지 못했다.

대종 광덕(廣德) 2년, 양천(兩川) 절도사 엄무(嚴武)의 추천으로 두보는 검교공부원외랑(檢校工部員外郞)이란 말단 관직에 임명되었는데 비록 관직이라고는 하지만 봉급이 너무 적어 식구를 먹여 살리기에는 부족했다. 하루는 멀리서 손님이 찾아왔다. 자신은 시로 명성을 얻은 두보를 평소에 추앙하여 특별히 천금의 값어치가 나가는 비단 침구를 선물로 드리려고 찾아왔다고 말했다.

"이것은 침대 위에 까는 비단으로 만든 침구인데 눅눅한 습기를 막아주며 벽에 걸어 그림으로도 감상할 수 있고 문양은 사악한 귀신을 물리치며 방안을 우아하고 안락하게 해줍니다."

두보는 침구의 아름다움을 감상하였지만, 귀한 선물인 것을 보면 그가 다른 뜻이 있을 것으로 생각했다.

엄무의 부친 엄정(嚴挺)은 두보의 친구였다. 이 손님은 분명 이러한 두 사람의 관계를 이용하여 엄무에게 무언가를 청탁하려는 것이라고 짐작했다. 두보가 손님에게 물어보니 그 손님은 그러한 생각이 있었다. 두보는 손님에게 솔직하게 말했다.

"당신의 호의는 마음으로 받겠소. 그러나 나는 이런 귀한 침구는 절대 받을 수 없소."

그 손님은 두보가 선물을 받도록 계속 설득하였지만, 두보는 간곡하게 처세의 이치를 설명했다.

"본분을 지키는 것이 중요한데, 권력이 없다고 권력을 얻으려 하지 말며, 권력이 있어도 남용하지 말아야 합니다. 안빈낙도하며 욕심을 부려 재물을 수탈하지 말고 부정한 돈을 받지 말아야 합니다."

손님이 듣고 매우 감동하여 침구를 거두어 돌아갔다.

두보 상

31

상사의 배를 끌고 부당한
세금을 받지 않은 현령 하역우

만당 때 사천 익창(益昌), 지금의 사천 광원(廣元)의, 장비가 횃불을 밝히고 밤새 마초와 무예를 겨루었다고 하는 가맹관(葭萌關)으로 유명한 소화(昭化) 현령 하역우(何易于)는 정치에 힘쓰고 백성들을 사랑하였으며 청렴하고 정직했다. 한번은 이주(利州)의 자사 최박(崔樸)이 시종을 데리고 배를 띄워 손님들과 함께 봄나들이를 즐겼다. 당시에 관아의 배가 지나는 곳은 일꾼이 배의 줄을 끌게 되어 있었다. 익창을 지나는데 강의 흐름에 반대로 가는 배를 가게 하려고 줄을 끄는 일꾼 중에 관직을 알리는 홀(笏)을 허리에 꽂은 현령이 있는 것을 발견하고는 급히 자사에게 보고했다. 자사가 현령을 불러 물었다.

"당신은 현령인데 어찌하여 손수 줄을 끄는 것이오?"

하역우가 대답했다.

"봄이 되어 백성들도 농사일과 양잠에 바쁘고 시간은 귀한 것이니 제가 현령이지만 다른 일이 없어 대신 줄을 끄는 것입니다."

최박과 일행들은 얼굴이 붉어져서 얼른 배에서 내려 말을 타고 가버렸다.

익창현의 백성들 모두 집 근처에 차나무를 심어 찻잎을 거두어 내다 팔아 돈을 벌었다. 그런데 염철관(鹽鐵官)이 이를 알고 상주하여 전매제도를 엄하게 집행해야 한다고 말했다. 황제가 조서를 내려 전매 물품은 생산지 관리가 백성을 속여서는 안 된다고 하였다. 조서가 붙은 방을 하역우가 보았다.

"익창은 차에 세금을 징수하지 않는다. 백성들이 살아갈 방법이 없는데 하물며 차에 증세하여 백성을 해칠 수가 있는가!"

그리고는 하역우는 사람을 시켜 황제의 조서를 떼어내게 했다.

황제가 파견한 관리가 변론하였다.

"황제께서 관리가 백성을 속여서는 안 된다고 하셨고 지금 조서를 떼어냈으니 저처럼 말단관리는 조서 때문에 한 번 죽으면 그만이지만 대인께선 이것 때문에 유배되어 하늘 끝으로 추방되는 것을 면하기 어려울 것입니다."

하역우가 말했다.

"내가 감히 내 몸 하나를 아껴서 한 현의 모든 백성을 혹사당하게 할 수 있겠는가? 또 네가 죄를 얻게 하고 싶지 않다."

하역우는 떼어낸 조서를 불태워버렸다. 관찰사가 이를 알았지만, 평소에 그가 어질다고 생각하였고 또 하역우는 용감하게 백성을 위했으므로 이 사건은 위로 보고하지 않아 탄핵당하지 않았다.

사천 북부 광원(廣元) 소화현서(昭化縣署)

소화고성(昭化故城)에는 『삼국지』와 관련된 유적이 많다. 무후사(武侯祠), 관제묘(關帝廟) 외에 비위묘(費禕墓), 비경후사(費敬侯祠), 포삼랑묘(鮑三郎墓), 장비가 승리한 전승파(戰勝壩), 강유의 군대가 포위 당하고 배수지(拜水池)가 있는 우두산(牛頭山), 강유정(姜維井), 관삭성(關索城), 장비와 마초가 횃불을 세워놓고 밤새 싸운 가맹관(葭萌關), 천웅관(天雄關)이 있고 당대에 처음 설립한 소화현서가 있다. 전란으로 여러 차례 훼손되었는데 명대 홍무 8년(1375년)과 청대 도광 3년(1823년) 두 차례 중건되었고, 문화대혁명 때 파괴되었다가 2008년에 복구되었다. 현서의 정문 양 기둥의 글씨는 「하늘을 저버리지 않은 하역지는 관직이 겨우 7품이었고(不負蒼天何論官位只七品)」, 「항상 서민 생각에 민심을 반이라도 잃을까 걱정했네(常思黎庶生怕民心失半分)」이다.

　　현의 백성이 죽으면 죽은 자의 아들이 어린 나이이거나 가업이 패망하여 장례를 치를 여력이 없으면 하역우는 항상 자신의 봉록으로 사람을 불러 대신 그 집의 장례를 치러줬다. 백성이 세금을 낼 때 머리가 희고 허리와 등이 굽어 지팡이를 짚는 사람은 불러서 정치의 득실을 물었다.
　　백성이 관아에서 소송할 때는 친히 그들과 대화를 나누고 흑백을

의문(儀門)

양쪽의 대련은 「노력하면 한 곳에 행복한 땅을 만들 수 있고(有爲造一方福地)」 「탐욕이 없으면 빈 양 소매에 맑은 바람을 일으킬 수 있네(無欲揚兩袖淸風)」이다. 청대 유명한 관리 증국번의 부하 중에 '삼불(三不)' 장군으로 불리는 팽옥린(彭玉麟)이란 장수가 있었다. 그는 목숨을 구걸하지 않고(不要命), 관직을 바라지 않으며(不要官), 돈을 구걸하지 않는(不要錢) 인물로 유명했다. 그의 신조와 소화관서 의문과 연결하면, 첫 번째는 유위(有爲), 두 번째와 세 번째는 무욕(無欲)을 나타낸다. 팽옥린은 용감하게 적을 물리치고 군사적 공을 세웠으므로 권세가와 귀족을 두려워하지 않았고, 욕심이 없어 공평한 태도로 군법을 집행하고 목숨을 구걸하지 않아 조정의 대신들이 상대하기 힘든 인물이었다.

분명하게 가렸다. 죄를 범하여 작은 죄면 권유하여 인도하였고 큰 죄면 곤장으로 책임을 물은 다음, 집으로 돌려보내고 옥리에게 넘기지 않았다. 그가 익창을 다스린 지 3년 동안 옥 안에는 한 명의 죄수도 없어 백성들은 요역(徭役)이 무엇인지 몰랐다.

후에 하역우가 금주(錦州) 나강(羅江)의 현령으로 전근을 갔는데 통치 방법은 익창과 같았다. 이미 작고한 재상 배공(裴公)은 금주의 자사로 있었을 때 특별히 하역우의 통치를 칭찬했다. 배공은 일찍이 나강으로 가서 하역우의 공무를 시찰하였는데 하역우가 데리고 있는 시종이 겨우 세 명에 불과한 것을 보고 그가 청렴결백하고 검소하며 정략에 힘썼다는 것을 알았다.

선종(宣宗) 대중(大中) 9년(855년), 진사에 급제하여 관직이 중서사인에 이르렀고 황소의 난으로 장안성이 함락되자 희종(僖宗)을 따라 기농(岐隴)으로 피난했던 손초(孫樵)가 지은 「서하역우(書何易于)」라는 문장은 하역우를 상세하게 알 수 있는 귀중한 기록이다.

회창 5년, 손초가 익창을 지나가는데 백성들이 그에게 하역우가 어떻게 현을 다스리는지 그의 정무 실정을 알렸다. 황상이 관리의 공적에 따라 승진시키는 제도를 설립하여 관리를 격려하였는데, 하역우는 중상급이었다. 손초가 백성들에게 물었다.

"하역우는 어떻게 세금을 거두었나?"

"상급 기관에 청하여 세금 낼 기한을 늘려달라고 했는데, 세금 낼 기한에 쫓겨 백성들을 압박하여 저가로 곡식과 비단을 팔지 않게 했습니다."

"노역은 어떻게 동원했나?"

"현의 재정이 넉넉하지 않아 자기 봉록에서 빼내 보태고 빈곤한 사람의 노역은 기한을 연기해주었습니다."

"길을 지나는 권세가가 찾아오면 어떻게 대접했나?"

"수레와 말을 제공하는 것 외에는 다른 것은 없었습니다."

"도적을 체포한 적이 있었나?"

"도적 사건이 발생한 적이 없었습니다."

하역우는 살아서는 뜻을 얻지 못하였지만, 분명 죽은 후에는 명성을 얻었다.

송대 구양수(歐陽修)는 『신당서』「순리전(循吏傳)」에 하역우를 기록하고 "하역우는 청렴하고 정직했으며 상사에게 영합하지 않았다. 비록 평생 겨우 7품의 현령 자리에 있었지만, 청렴결백했던 그의 사적은 청사에 길이 남아 훌륭한 명성이 자손만대에 전해졌다"라고 하였다. 7품이라는 낮은 관리의 사적을 정사에 기록한 예는 드문데 하역우를 『신당서』라는 정사에 기록될 수 있도록 문장을 남긴 손초 역시 혜안을 갖춰 천리마를 알아봤다는 백락(伯樂)이라고 할 수 있다.

청대 강희 11년(1677년) 왕사정(王士正)은 사천 독찰과고(督察科考)로 부임하여 소화(昭化)를 지날 때 오언시 「익창에서 하역우를 생각하며(益昌懷何易于)」를 지어 하역우를 칭송했다.

옛날 맑고 향기로운 사람 생각나,　　　망고회청분(望古懷淸芬)
그리워하는 사람은 하역우이라네.　　　소사하역우(所思何易于)

'청분'은 고결한 덕행을 비유하는 말로 하역우를 가리킨다.

결론적으로 하역우는 당문종 태화 연간 때 현령으로 있으면서 청렴결백하고 근면하며 백성의 이익을 위해 파직당하고 감옥에 들어가거나 죽임을 당할 위험을 무릅쓰고 상사의 파견을 막아가면서 조정의 명을 위배하였던 점이 역사에 빛나는 업적이다.

현령 하역우가 자사를 위해 "허리에 관리 홀을 꽂고 배를 끌어당겼다"라는 뜻의 '요홀만주(腰笏挽舟)'라는 성어가 생겨났다. 안사의 난으로 당현종이 도성 장안성을 버리고 사천 성도로 몽진할 때 중요한 나루터인 이곳에서 강을 건널 때 두 마리의 잉어가 배에 튀어 올라 여러 신하가 용이 될 것이라고 했다는 고사로 유명한 사천 광원 소화 길백도(桔柏渡)에는 「하역우요홀만주처(何易于腰笏挽舟處)」라고 새겨진 비석이 세워져 있었는데 아쉽게도 문화대혁명 때 사라졌다고 한다.

친민당(親民堂)

옛날 소화현의 관아였던 소화현서(昭化縣署)의 대당(大堂)은 공당(公堂), 정당(正堂), 정청(正廳)이라고 하고 이곳은 친민당(親民堂)인데 '민' 자 위에 점이 하나 더 있다. 백성을 더 가까이하라는 의미다. '친민(親民)'은 『대학』 첫 장에 나온다. "큰 학문의 도는 밝은 덕을 밝혀서 백성들을 가까이하며 지극한 선에서 멈추는 것이다(大學之道, 在明明德, 在親民, 在止於至善)"라고 하였다. 글을 읽는 목적은 몸을 수양하는 것에 있다. 누구나 하늘로부터 받은 밝은 덕을 실천을 통해 밝히는 것이다. 이러한 실천적 행위는 가정을 안정시키고(齊家), 나라를 잘 다스리며(治國), 더 나아가서 천하를 평화롭게 만드는(平天下) 과정이다. 그리고 그러한 행위의 최고 경지는 선한 행동이다. 선이란 무엇인가? 지선(至善)은 상선(上善)으로 『노자』에서는 "최고의 선은 물과 같다(上善若水)"라고 하였다. 물은 가장 낮은 곳까지 스며들므로 사회로부터 버림받아 뿌리뽑히고 궁핍한 사람들을 동정하고 구제하는 하역지의 마음과 일맥상통한다. 유가에서의 진충(盡忠)이란 말은 "진정으로 성실하게 마음을 다 바친다"라는 뜻의 '진심(盡心)'과 "사적인 욕심이 없다"라는 뜻의 '무사(無私)'의 합성어다. 그래서 현령 하역지가 청렴결백하여 백성들을 불쌍하게 여겨 은혜를 베풀었던 선행에 감동한 지역민들은 그가 임기를 마치고 전근 가는 날 아침 모든 집 문 앞에 맑은 물 한 그릇을 놓아두어 그에 대한 고마움과 그의 청렴결백한 인품을 찬양하였다. 이것이 바로 최초의 관리 이취임의 감사였다. 친민당 내의 명경고현(明鏡高懸) 편액은 진경고현(秦鏡高懸)이라고도 한다. 진시황은 거울 하나를 가지고 있었는데 사람의 마음을 비춰볼 수 있었다고 한다. 그림은 해수조일도(海水潮日圖)로 관리는 해와 달처럼 밝고 바닷물처럼 맑아야 한다는 뜻이다. 관리는 사건 심리할 때 공정하고 결백을 명확히 밝히고, 법 집행에 공정하고 사욕이 없어야 하며 예리한 안목으로 식견이 높아야 하며 털끝 하나라도 통찰할 수 있어야 함을 비유한다.

이당(二堂)

청명당(淸明堂)이라고도 하는데 정사의 안건을 처리하거나 사건을 논의하는 장소인데 안에 하역우의 조소상이 있다. 양쪽 기둥의 대련은 「관아에 들어서면 정무를 게을리하지 않고 몸소 국사에 힘쓰고(臨衙秉政躬身國事)」, 「예의를 중시하고 농사일에 근면하게 하고 민생에 힘쓰기를 잊지 말라(重禮勤農致力民生)」

32

'애민삼자경'으로 칭송받은 서구사

명대 중후기 때 관리였던 서구사(徐九思)는 비록 관직이 낮았지만, 당시에 탐관오리가 횡행하던 암흑과도 같은 관계에서 청렴하고 밝은 정치적 업적으로 사람들의 칭송을 받았다. 그 관건은 근면, 검소와 인내를 준칙으로 삼아 자신을 엄격하게 단속하는 태도에서 이룩한 정치적 업적에 있었다.

가정(嘉靖) 15년(1536년), 그의 나이 이미 40세였는데 남경 응천부(應天府) 부근의 구용(句容)의 지현(知縣)에 임명되었다. 지현은 송대에 설립된 현(縣)의 장관이다. 이때 명대 세종 가정 황제는 신선이 되는 도술에 탐닉하여 조정을 돌보지 않았고 조정의 관리들은 서로 비방하고 패거리 짓거리하며 사사로운 이익을 챙겨 탐욕을 부리는 풍조가 제멋대로 일어났다. 관리들은 경쟁하듯 관청에서 책망과 처벌을 내세워 백성들의 재물을 강제로 빼앗았다. 상사가 너무 일이 많아 안일을 구하여 엄하게 다스리지 않게 되었는데 심지어는 결탁하여 뇌물을 수수하여도 사사로이 이익을 챙기는 것을 방임하였다."

서구사가 임지에 처음 부임하여 관리들을 만나보고 따져 묻지 않았지만, 3일이 지난 후에 어떤 현리가 빈 공문서를 옷소매에 넣어 현의 관아에 들어와 몰래 관인을 훔쳐 도장을 찍은 다음 관인을 원래 장소에 갖다 놓고 공문서만 가지고 나가다가 마침 서구사 사람에게 적발되었다. 서구사가 전체 관리를 모두 당상으로 소집하고 친히 심문하였다. "관아의 도장을 훔친" 죄는 법에 따라 엄하게 처벌하였다. 관리들이 머리를 조아리고 통사정을 하였지만, 서구사는 이를 허락하지 않자 사람들이 모두 벌벌 떨며 서구사를 두려워하여 감히 법에 저촉되는 부정한 행위가 없어졌고, 흔히 있는 일이지만 습관이 된 남의 재물을 탐내는 풍조는 사라지자 해당 주민들은 손을 이마에 대고 축하의 뜻을 표시하며 서구사는 정말로 도덕과 수양을 갖춘 장자(長者)라고 칭송하였다.

서구사는 관리들에게 훈계하길 제멋대로 소송을 남발하여 백성의 돈을 요구하지 말라고 하였다. 대신 외롭고 의지할 데 없는 평민들에게는 은혜를 베풀고, 횡포하고 교활한 자를 다스리는 데는 특히 엄했다.

서구사는 구용에서 관리로 있다가 임기가 만료되어 현을 떠나게 되었을 때 일찍이 구용현의 백성들이 헤어지기 아쉬워하며 말했다.

"가르침을 부탁드립니다."

"오로지 검소하고 근면하며 참아야 하는 세 가지를 명심해라. 검소하면 낭비가 없고, 근면하면 무너지지 않으며, 참으면 남과 다투지 않게 되니 이것이 바로 몸과 집안을 지키는 이치다."

서구사는 이것으로 사람을 가르쳤을 뿐만 아니라 자신이 몸소 실행에 옮겨 이 검소, 근면, 인내 세 가지를 자신에게 요구했다.

서구사는 집에 「청채도(靑菜圖)」 그림 한 폭을 그리고 다음과 같은 글씨를 써넣었다.

"백성들 얼굴에 이러한 색깔을 띠게 해서는 안 되므로, 관리는 이러한 맛을 몰라서는 절대 안 된다."

이러한 경구로 자신을 일깨웠는데 "영양실조에 걸려 푸른 채소와도 같은 얼굴색"이란 뜻의 '면유채색(面有菜色)'이란 성어로 만들어져 후세 관리들이 마음에 새기는 명구가 되었다. 관리가 되어서 채소 맛을 알지 않을 수 없고 또한 백성의 추위와 굶주림의 고통을 겪어 영양실조로 얼굴색이 푸른 채소 색깔을 띠게 하여서는 안 된다는 것이다. 이 이야기는 경극『서구경승관기(徐九經升官記)』로 상연되고 있다. 서구사는 일명 서구경이라고 하였다. 관리는 백성들의 고초를 잊지 말아야 한다는 경고이다.

서구사는 평생 고기를 먹지 않았으며 푸른 채소를 반찬으로 조밥을 먹었다. 관례에 따르면 지방관은 길을 지나는 관원을 연회에 초대하여 예물을 증정하며 관원들과 교제 활동을 하였다. 서구사는 구용에 있을 때 엄격하게 이 관례에 따른 비용을 제한하였다. 동시에 그는 공적인 돈으로 손님을 초청하여 선물을 증정하며 권세가와 결탁하는 것을 반대했다.

서구사는 구용에서 관직으로 있을 때 공무와 생산에 힘썼다. 관가에서 세금을 징수하고 부역할 때 관청의 종복을 파견하여 마을에 가서 독촉하였는데 이러한 사람들은 중개의 기회를 틈타 갖은 방법으로 속이고 불법적으로 배를 불렸기 때문에 백성들은 고통에 시달렸다. 서구사가 생각하길, 천자가 은혜를 아무리 많이 베푼다고 하여도 백성들에게 세금과 부역을 면제해주는 혜택을 누리지 못할 것이라고 하였다. 그래서 그는 친히 그가 잘 이해하는 백성들의 상황에 따라 부역을 분배하고 사정의 경중에 따라 시급을 다투지 않는 일을 급히 서두르지 않게 하여 백성들의 근심 걱정을 덜어주어 급히 서둘러야 할 일이라도 시일을 연기해주었으므로 국가의 정사에도 좋은 영향을 미치었다. 서구사는 또 현의 관리를 대동하고 관아의 황폐한 밭에서 직접 잡초를 뽑아내고 채소와 과일을 심고 돼지와 닭을 사육했으며 저수지에 물고기를 길러 그 수확물을 소속 관리들에게 나누어주고 소비하도록 공급해주어 관청의 지출을 줄였으므로 구용현의 주민들은 그의 정치적 업적을 찬양하였다.

서구사(1495년-1580년)는 명대 효종(孝宗), 무종(武宗), 세종(世宗), 목종(穆宗), 신종(神宗) 5대에 걸친 신하였다. 평생 맡은 관직은 그렇게 높지 않았지만, 강직하고 바르며 청렴결백하였으며 백성을 자식처럼 사랑했다. 가정 15년(1536년), 그의 나이 40세 때 처음으로 지금의 강소성 구용(句容)의 지현(知縣)이 되었다. 당시 관리 사회는 정치적 폐해가 누적되어 청산하기 어려웠고 뇌물수수가 횡행하여 재물을 탐하는 풍조가 만연하였고, 백성을 속이는 관리에게 관용을 베풀어주어 엄청나게 피해를 당한 백성은 오히려 억울한 일을 당해도 호소할 곳이 없을 정도로 사회 불공정, 불평등과 불의가 심각한 수준이었다. 정치가 부패한 사회 속에서도 서구사는 재직 기간에 근면, 검소, 인내 세 가지로 자신을 단속하며 탐관오리의 횡포와 야만적 행위, 가혹한 수탈을 막았다. 또한 지방의 기풍을 일신하기 위해 백성들은 화려한 옷을 입고 외출하면 반드시 사람들의 견책을 받도록 하였고, 조금만 사치해도 이를 본 사람은 반드시 경계하도록 하였다.

응천부 근교의 구용현에 동서로 뻗은 70리 길은 흙이 3척(尺)이나 쌓여 있는데 매번 비가 오거나 눈이 내리면 진흙이 수 척이나 된다. 서구사는 관청의 지출을 절약하여 행인이나 여행객들이 다니기에

편리하게 길을 닦았다. 이러한 일 처리가 부윤(府尹)에 저촉되어 한 번은 부윤이 구실을 찾아 서구사를 구용현에서 전출시키려고 했으나, 백성들 수천 명이 부윤을 찾아 관아로 가서 따졌다.

"미천한 서공은 우리 현에서 단지 깊이 파인 골을 메운 것뿐이오."

이 일은 이부를 진동하여 관원을 파견하여 조사하게 했는데 부윤을 전출시키고, 서구사는 유임하였다.

조정에서는 여러 차례 권세가 환관을 파견하여 삼모산(三茅山)에 단을 만들어 놓고 독경하여 망령을 불러내고 귀신에 빌게 했다. 지역민에게 이 일에 물품을 대거나 부역에 동원되는 민폐를 끼쳤다. 서구사가 옛날 공문서를 뒤져보니 소금 판매를 허가받는 대신 관가에 소금장수들이 낸 비용이 오랫동안 관청 창고에 그대로 쌓여 있어 이것으로 신을 불러내는 데 드는 경비로 충당하도록 주청하여 백성들의 고초를 덜어주었다. 해마다 흉년이 들면 곡물 가격이 급등하여 순무가 관가 창고의 곡물 수백 석을 방출하여 싼 가격으로 팔았다. 서구사가 생각했다.

"곡물을 사는 사람은 부자들뿐이다. 비록 싼 가격으로 판다고 해도 가난한 사람은 살 돈이 없다."

그래서 서구사는 그 반을 시장가격으로 팔아 관청에 상환하고 나머지는 죽을 끓여 기아에 허덕이는 빈민을 구휼하였다. 산골짜기 빈민은 부자들에게서 양식을 대여하면, 관청이 대신 상환하여 주었다. 이렇게 하여 수많은 빈민이 굶주림을 면했다. 서구사가 생각했다.

"설령 천자가 은혜를 많이 베푼다고 해도 누가 세금과 부역을 줄여주겠는가? 관건은 우리 관리들이다. 세금과 부역을 시행할 때 잘 헤아려서 시기와 정도를 완급 조절할 뿐이다."

그러나 응천부 부윤과 뜻이 서로 맞지 않아 순무에게 탄핵당했으나 이부상서 웅협(熊浹)이 서구사가 어질고 능력이 있다는 것을 알고 특별히 그대로 유임하였다.

후에 서구사는 구용에서 9년 동안 관직을 맡았는데 만기가 되어 공부(工部)의 주사(主事)로 승진하였다가 다시 낭중(郎中)으로 승진하였다. 장추하도(張秋河道)의 치수 일을 맡았는데, 공정이 완성되면 지역에 영원히 이익이 되는 중요한 공적 사업이었다. 당시 공부상서 조문화(趙文華)가 동남부를 순시하다가 사만(沙灣)을 지나게 되었다. 그는 서구사가 응당히 나와 영접해야 한다고 생각하였는데 관리 하나가 공문서 수판(手板)을 들고 와서 알현하였다. 수판에는 이렇게 쓰여 있었다.

"낭중은 사만에 볼일이 있어 감히 자리를 뜰 수 없다."

서구사가 수낭중(水郎中)을 맡고 있어 지금 치수 공정에 너무 바빠 감히 자리를 떠나 사사로운 일로 상관을 만날 수 없다는 말이다. 여기에서 서구사의 세 가지 신조 중의 하나인 '인(忍)'의 정신이 돋보인다. 권세가에게 머리를 숙이고 지조를 버리면서까지 아부하거나 영합하지 않았고 그들과 무리를 지어 몸을 더럽히지 않았다. 조문화는 간사한 재상 엄숭(嚴嵩)의 사당(死黨), 즉 집단을 위해 사력을 다하는 도당이었다. 조문화가 크게 화를 내며 수판을 땅에 내던지고 서구사가 보낸 아전을 쫓아버렸다. 당시 고주(高州)의 지부(知府)로 승진했을 때였다. 조문화가 도성을 되돌아간 후 이부상서 오붕(吳鵬)과 모의하여 서구사를 모함하고 파면시켰다. 63세의 서구사는 파면되어 고향을 돌아갔다. 구용의 백성들은 서구사를 위해 모산에 유애사(遺愛祠)라는 사당을 세우고 서구사를 받들었다.

백성들은 서구사의 어진 덕을 칭송하고 자신을 단속한 '검소, 근면, 인내' 세 글자를 '서공삼자경(徐公三字經)', '애민삼자경(愛民三字經)'이라고 칭송하며 수신제가의 표준으로 삼았다.

33

소금에 절인 채소 반찬만 먹고
거친 베옷만 입었던 **우성룡**

관직에 앉아서 뇌물을 거절하여 청렴한 관리가 되기란 쉽지 않지만, 직책이 있으면서 청빈한 삶을 보존하기가 더 어렵다. 청나라 초기의 우성룡(于成龍)이 바로 이러한 고행하는 스님과 같은 청렴한 관리였다.

우성룡은 청초 순치 18년(1616년)에 광서 나성(羅城)의 현령으로 부임했을 때 그의 첫 벼슬길이었기 때문에 친구들이 와서 그가 승진하여 돈을 많이 벌라며 축하해주었다.

그는 친구들에게 편지를 써서 말했다.

"이번에 임지에 가면 절대로 배불리 먹고 따뜻하게 옷 입는 생활에 만족할 생각이 없다. 내가 믿는 것은 자연의 도리와 양심에 따르는 것이다."

그는 나성에 부임하고 여러 해가 지난 다음에 욕심이 없고 청렴하며 백성을 사랑하였고 세상사에 통달하여 금지한 것들을 모두 제거했다. 나성 백성들은 그가 청빈한 것을 보고 불쌍하게 여겨 모금한 돈을 그에게 가져다주었다.

고을 사람들이 현령에게 말했다.

"현령께서 청빈해서 어렵다는 것을 압니다. 이 돈으로 소금과 쌀을 사시기 바랍니다."

현령이 웃으면서 거절하며 말했다.

"나 혼자인데 이렇게 많은 돈이 필요하지 않소. 당신들이 그것을 도로 가져가서 옷과 음식을 사서 각자 부모를 봉양하시오. 내가 이 돈을 받은 것으로 칩시다!"

현령은 고을 사람들이 돈을 갖고 집으로 돌아가길 권했다.

하루는 고을 사람이 현령의 고향 친척이 온 것을 알고는 돈을 가지고 와서 말했다.

"현령의 친척분이 오셨으니 이 돈을 가져가서 집을 편안하게 하시기 바랍니다."

우성룡이 웃으면서 말했다.

"여기에서 우리 집은 거리가 육천 리나 되는데 혼자서 이렇게 많은 돈을 가지고 가면 얼마나 번거롭겠소."

현령은 엄숙히 거절하며 돈을 받지 않았다.

백성들은 할 수 없이 기분이 상해서 돈을 도로 가지고 돌아갔다.

강희 6년(1667년)에 우성룡은 사천 합주의 지주로 승진하여 나성 백성들이 백여 리까지 전송하며 통곡했다.

강희 17년(1678년) 10월, 우성룡이 강방도(江防道)에서 복건 안찰사로 승진하여 호광 황주에서 배를 타고 임지로 갔다. 관례에 따라 연도의 주현에서 비용을 제공하게 되어 있는데 우성룡은 지방에 폐를 끼치기 싫어서 관에서 운용하는 배를 탈 때 수행하는 사람을 보내어 강가에서 몇 석의 무를 사서 배에 싣게 했다.

사람들이 궁금해서 우성룡에게 물었다.

"이 돈 가치도 별로 없는 것은 무엇에 쓸려고 이렇게 많이 사셨나요?"

우성룡이 바른말로 알렸다.

"내가 가는 길에 먹을 음식이오."

복건에서는 수년 동안 죄에 대한 판결에 불복하면서 억울한 죄의 재판 사건을 재심리해달라는 공문서가 끊이질 않았다. 하지만 우성룡이 법을 집행하여 지나치게 소송 거는 풍조가 멈추었고, 폐를 끼치고 피해를 주는 폐단이 제거되었다. 약탈당한 양민의 자녀 수백 명을 앞장서서 풀어주었고, 소속 관리가 자신에게 선물하는 예의를 없앴다. 소속 부하 관리는 안찰사의 엄한 수단을 두려워하진 않아도 그의 청렴함을 보고는 그를 두려워하였고, 백성들은 관리에게 복종하진 않아도 그 공정함을 보고는 그를 따랐다. 복건성은 전국 제일의 청렴한 성이 되었다.

청초 지방관이 세금을 징수할 때 세금으로 낸 은을 녹여서 큰 덩어리의 은으로 만들면 은이 소모된다. 그 손실을 '화모(火耗)'라고 했는데, 이 손실을 메꾸기 위해 사사로이 세금을 더 거두어들였으므로 구실을 만들어 횡령하고 자기의 잇속만 채워 백성들의 피해가 막심하였다. 어떤 탐관오리는 세금을 더 거둘 때 원래보다 몇 배가 되게 징수하여 백성들의 고초가 많았다. 우성룡은 직예순무로 근무할 때 주현의 관리가 사사로이 화모를 징수하지 못하게 하여 극도로 곤경에 빠진 백성의 고통을 해결하였다. 동시에 그는 각급 관리가 상사에게 명절날 선물하는 관례도 금지하였다. 그는 "친척과 친구가 서로 청탁하는 것은 모조리 준엄하게 거절하고, 소속 관리와 친척, 친구가 만약 선물을 바치면 하나도 받지 않고서 각급 관리의 모범이 되어야 한다"라는 규정을 만들어 각 관청에 전달하고 지키도록 지시하였다.

강희 23년(1684년) 3월, 우성룡은 명을 받고 양강총독 겸 강소와 안휘 두 성의 순무를 맡아 조정의 한 곳을 통솔하는 봉강대리(封疆大吏)의 신분이 되었지만, 검소함을 준수하며 평소에 푸른 채소와 다발로 묶어 소금에 절인 채소 경단을 반찬으로 먹어 강남 사람들은 그를 '우청채(于靑菜)'라고 불렀고, 모든 자식은 화려한 비단옷을 입지 못하도록 금하고 베옷을 입게 하여 한겨울에는 솜옷을 입게 했으며 변변치 못한 옷과 거친 밥을 먹어도 태연스럽게 여겼다. 그는 처자식을 위해 재산을 도모하지 않았으며 오로지 백성에게 이익이 되는 사업을 일으키고 해로운 것은 없앴으며 관리들의 잘잘못을 살피고 백성들을 편안하게 하는 것이 자신의 소임이라고 생각했다. 어느해에 강남이 생활고에 쪼들리자 그는 쌀 중에 섞여 있는 겨 부스러기를 끓여서 죽을 만들어 전 가족이 같이 먹었고 설령 손님이 와도 그것으로 손님을 대접했다.

우성룡이 말했다.

"이렇게 해야만 일부 양식을 남겨 기아에 허덕이는 백성을 구제할 수 있다!"

강남 백성들은 이구동성으로 그를 칭송하였다.

이 해 4월, 우성룡은 병으로 세상을 떠났다. 소속 부하관리가 그가 살던 집에 들어가 뒷일을 정리하였는데 침구는 누추하고 다 헤졌으며 침상 서랍에는 백은 3냥이 남아 있었고 입던 옷은 몇 벌, 청전(靑錢) 2천, 쌀 찬장에는 겨우 조와 쌀이 대여섯 말이 있었는데 관원들이 이 광경을 보고는 감개무량하여 서로 탄식하였다. 이 해 11월에 강희황제가 강남을 순시할 때 강남의 백성들이 우성룡의 정치업적을 극구 칭송하고 너도나도 그가 청렴한 관리였다고 찬양하자 강희제는 그에 대한 믿음이 더욱 확고하여 '청단(淸端)'이란 시호를 하사했다.

우성룡(1617-1684)은 자가 북명(北冥), 호가 우산(于山), 산서 영녕(永寧), 지금의 산서성 여량(呂梁) 방산(方山)에서 출생하였다.

청대 순치 4년(1647년)에 향시에 낙방하였는데 그의 나이 35세였다.

순치 18년(1661년) 그의 나이 45세 때 국자감에 들어가 공부했고, 광서성 나성 지현으로 부임했고, 이해 순치제가 죽고 강희제가 등극했다.

강희 6년(1667년) 51세 때 광서총독과 광서순무가 나성에서의 치적이 탁월하여 탁이(卓異)로 천거되었다. 곧 사천 합주로 부임했고, 이때 강희제의 친정이 시작되었다.

강희 8년(1669년), 53세 때 나성에서의 치적으로 2차 탁이로 천거되었고, 합주에서의 치적이 보태져서 호광(湖廣) 황주부(黃州府) 동지(同知)와 지부(知府)로 승진하여 각각 4년씩 부임했다.

강희 12년(1673년)에 다시 탁이로 천거되어 무창부(武昌府) 지부로 발탁되었다.

강희 16년(1677년), 61세 때 호광 아래 강방도를 신설하여 도원(道員)으로 승진하여 황주로 부임했다.

강희 17년(1678년), 62세 때 복건 안찰사로 승진했다.

강희 18년(1678년) 63세 때 3차로 탁이로 천거되었으며, 11월에 복건포정사에 임명되었다.

강희 19년(1680년) 64세 때 직예순무에 발탁되었다. 강희제가 청관제일(淸官第一)로 칭찬하고 탕금(帑金)과 어마(御馬) 그리고 황제의 시를 증정하였다.

강희 20년(1681년) 65세 때 강남과 강서의 종1품 관직인 양강총독에 임명되었다.

강희 23년(1684년) 68세로 세상을 떠났다. 태자태보(太子太保)를 추증하였고 "청렴하고 정직하다"라는 뜻의 '청단'이란 시호를 하사하였다.

우성룡 고거(故居)

산시(山西)성 뤼량(呂梁)시 팡산(方山)현 라이바오춘(來保村)에 있다.

천하염리제일

34

뇌물 수수한 총독을 고발한
장백행을 뒤에서 엄호한 황제 **강희제**

관리의 청렴함은 관건이 정치하는 본인이 자기 단속에 엄격한 고결한 인품과 도덕심에 달렸는데 그러한 자세를 갖추어야만 더러운 것에 물들지 않을 수 있으며, 동시에 군주전제 사회에서는 군주 본인의 현명함도 매우 중요하다. 청대 2백 년 동안 강희(康熙) 시대의 청렴한 관리가 가장 많았다. 그 원인은 여러 방면이 있겠지만, 강희제 본인의 현명함이 가장 중요한 요소 중의 하나였다.

강희제는 근면하게 정사에 힘썼고 정치에 책략을 세워 청렴한 관리를 중용하고 엄중하게 보호하였으며 믿음이 깊었다. 1707년 3월, 그가 강남을 순시할 때 방문하고 산동 제녕도(濟寧道)의 장백행(張伯行)이 청렴하고 백성을 사랑한다는 사실을 알게 되어 수행하는 대신에게 알렸다.

"짐은 장백행을 방문하고 그가 청렴한 관리라는 것을 알게 되었고 얻기가 쉽지 않은 인물이라고 생각한다."

그리고는 그를 복건 순무에 발탁하였다.

장백행은 분명히 청렴한 관리였다. 그가 복건성에 부임하자마자 관아에 호화로운 금은 그릇이 펼쳐져 있고 비단 휘장이 사방을 둘러쳐서 눈이 부시도록 화려한 것을 보고 관리를 불러 물어보니 지역 행호(行戶)가 관례에 따라 준비한 것을 알게 되었다. 그는 명령을 내려 모두 철거하도록 하여 행호가 그대로 도로 가져갔다.

그가 관리들에게 말했다.

"내 평생 이런 것은 써본 적이 없으니 내게는 이런 것들은 너무나 과분하다. 하물며 행호는 백성인데 흥청망청 낭비할 수가 있느냐?"

장백행은 복건성에 관리로 비록 2년여 동안 있었지만, 기강을 크게 세웠고 백성에게 이익이 되는 것과 피해를 주는 것을 잘 살펴 행하였으며 청렴한 관리는 칭찬하고 탐관오리를 바로잡아 민심이 좋아졌고 교화가 크게 실행되었다. 그가 강소로 부임하러 갈 때 사서의 기록에 "관리와 백성들이 붙들고 가지 못하게 하였으며 모두 부모를 여읜 듯이 통곡하였다"라고 하였다.

그가 순무의 신분으로 임지인 강소로 갔을 때 관리들이 호랑이나 이리가 탐식하듯 재물을 탐내는 것을 보고는 친히 「금지궤송격(禁止饋送檄)」을 찬술하고 부하 관리들에게 이 격문을 전달하여 알렸다.

그가 격문에서 말했다.

"한 조각의 실과 한 톨의 쌀은 그것이 아무리 작은 것일지라도 모두 나의 명예와 지조이고, 천 분의 한 척(尺)과 천 분의 일 호(毫)가 아무리 작다고 하더라도 이것은 모두 백성의 피와 땀(膏血)이다. 백성에게 한 푼의 돈이라도 베풀어 세금을 적게 거둔다면 백성이 받는 은혜는 한 푼의 돈에만 그치지 않을 것이며, 백성에게서 한 푼의 돈이라도 빼앗으면 그것은 나의 인격이 한 푼의 가치도 없게 되는 것이다. 누군가가 이것이 일상적인 교제의 작은 일이라고 말하지만, 실제로는 청렴과 부끄러움을 해치는 큰일이다. 만약 사람들이 그것은 부정한 재물이 아니라고 말한다면 그 재물은 도대체 어디서 온 것이란 말이냐?"

이어서 또 관리들에게 분명하게 자신의 태도를 나타냈다.

"본 도원(道院)은 이미 가난하여도 지조를 지키기로 마음에 맹세하고, 순무에 속한 각 사도(司道)도 악을 물리치고 선을 선양하기로 뜻을 같이하자. 각자 선물 주고받는 것을 영원히 근절하길 기대하며, 이러한 풍조가 날로 융성해지길 바란다."

장백행이 기율을 바로잡아 강남 관계(官界)의 선물을 주고받는 풍조가 변하여 심지어 소주 민간의 "화려한 새 옷 입고 진귀한 음식 먹으며, 화려하게 장식한 배를 타고 노래를 부르니 계산할 수 없을 정도로 엄청나게 물 쓰듯 돈을 낭비하는" 화려하고 사치한 습속도 장백행의 엄한 명령으로 바뀌었다. 장백행의 30여 년 관직 생활에서 절약하고 검소한 태도는 부하 관리들에게까지 모범이 되었고, 관리로서 청렴하고 결백하였으며 사람됨이 강직하고 아부하지 않는 인물로 유명하였다.

그러나 이러한 청렴한 관리가 강희 50년(1711년)에 무고로 모함을 받아 파면되었다. 이 해 9월에 강남 향시의 합격자 명단 방이 붙었을 때 백성들은 과거장이 공개하지 않는다고 소란을 피웠다. 수백 명이 재물의 신상을 들고 학궁(學宮)으로 달려 들어갔다. 강희제가 상서 장붕핵(張鵬翮)을 파견하여 조사하였다. 양강총독 갈리(噶禮)는 시험관과 결탁하여 뇌물을 받고 거인을 파는 주모자였기 때문에 심사를 받을 때 권세를 믿고 침묵으로 지켰다. 장붕핵은 그의 권세가 두려워 감히 그와 다투지를 못했다. 장백행이 이것을 보고 자기 가족의 생명을 돌보지 않고 말한 뒤에 따르는 나쁜 결과를 두려워하지 않고 의연하게 황제에게 상서하여 총독 갈리가 시험관과 결탁하여 거인을 팔아먹었고 또 심사받을 때는 시험관에게 50만 냥의 뇌물을 주고 답례로 자신이 죄가 없음을 보장받았다는 사실을 고발하였다. 갈리가 이 사실을 알게 된 후에 나쁜 어떤 사람이 반대로 고소장을 내어 장백행의 일곱 가지 죄행을 무고하여 악행을 장백행에게 뒤집어씌웠다.

강희제가 장백행을 파직하게 한 상소문을 보고 난 후 구경의 관리들에게 알렸다.

"장백행이 관리로 있을 때 청렴하였다는 것은 모든 사람이 다 알고 있다. 갈리가 지조를 지켰는지는 짐은 믿을 수가 없다. 만약 장백행이 없었다면, 강남은 분명 갈리가 반을 착취했을 것이다."

황제는 명하여 갈리를 면직시키고, 장백행의 관직을 회복시켜 청렴한 관리를 보호하여 청렴한 관리와 정직한 사람에 대한 의구심이 없음을 천명했다. 이러한 믿음이 전해지자 소주의 백성들 환호성이 천지를 진동하였고 모두가 문 옆에 붉은 천을 붙여 축하하였다.

곧이어 황제에게 상서를 올려 말했다.

"천자의 현명하심으로 우리에게 천하제일의 청렴한 관리를 돌려주셨습니다."

이것으로 볼 때 청렴한 관리를 환호하는 동시에 사회는 청렴하고 정직하고 결백한 관리를 보호하는 것이 중요하다. 이렇게 해야 청렴한 관리가 바르게 서고 탐관오리가 두려워하며, 하늘의 도가 행해지고 공적 이치가 나오며, 백성들이 즐겁고 천하가 안정될 수 있다.

35

뇌물을 안 바쳐 추천 안 된 관리를
직접 천거한 황제

　장백행(1651-1725): 자가 효선(孝先), 호가 소재(恕齋), 말년 때 호
는 경암(敬庵)이다. 하남 의봉(儀封), 지금의 난고(蘭考) 사람이다.
정주학(程朱學)을 신봉하는 이학가(理學家)이고, 관직 생활 20여 년
동안 청렴하며 성격이 강직하기로 유명했다. 특히 복건과 강소에서
의 정치적 업적이 가장 저명하다.

　강희 24년(1685년), 진사에 합격하였다. 강희 42년(1703년), 산동 제
녕도로 부임하여 기근에 허덕이는 농민을 구제하였는데, 창고의 2만
석의 쌀을 풀어 한상(漢上), 양곡(陽谷) 두 현의 농민을 구휼하였다.

　강희 45년(1707년), 장백행은 순무 소속의 강소 안찰사로 부임했
다. 관례에 따르면 신임 관원은 순무와 총독에게 예물을 선사하여
존경의 뜻을 표시하였는데 보통은 백은 4천 냥이었지만, 장백행은
이를 거절하였다.

　강희 46년(1708년), 강희가 남쪽을 순시하여 소주의 총독과 순무

에게 어질고 능력 있는 관리를 천거하라고 했는데 명단에 장백행이 없었다.

황제가 그들을 질책하며 말했다.

"장백행은 청렴하고 나라의 동량지재인데 왜 천거하지 않느냐!"

황제가 친히 장백행은 만나 말했다.

"총독과 순무가 그대를 천거하지 않으니, 짐이 그대를 천거하겠다. 네가 등용되어 공적을 쌓으면 천하가 짐이 명군이어서 인재를 잘 알아본다고 할 것이다. 그러나 뇌물을 받아먹고 법을 어긴다면 천하가 짐이 선악을 구분하지 못한다고 비웃을 것이다."

장백행을 복건 순무에 임명하고 "청렴하고 은혜로우며 사리에 밝다"라는 뜻의 「염혜선유(廉惠宣猷)」 편액을 하사했다.

강희 48년(1710년), 강소 순무로 전임하였는데 양강 총독 갈리(噶禮)와 불화로 면직되었다. 갈리는 강희 35년에 황제의 갈단(噶爾丹) 친정에 황제를 수행하였는데 관직 생활에서는 탐관이었다. 음식에 독을 타서 모친을 독살하려다가 체포되어 능지처참의 극형을 당했다.

강희 50년(1712년), 장백행이 복직되었다.

옹정 원년(1723년), 예부시랑에 임명되었고, 「예악명신(禮樂名臣)」 편액을 하사받았다.

태자태보에 추증되었고, 시호는 청각(淸恪)이다.

군주의 통치는 인사에서부터 시작된다. 인성과 능력을 갖춘 인재를 적절한 자리에 관리로 천거하고 앉혀야 정치가 올바르게 이루어져 나라가 평안하고 백성의 삶이 윤택해지는데, 인사를 잘못하면 나라가 안정이 안 되고 경제 발전도 이룩하지 못해 나라가 망치게 되어 모든 책임은 군주가 지게 된다. 그래서 인사가 만사라고 말한다. 대민 최전선에 있는 말단 공무원에서부터 고위직까지 모두가 정치의 책임자이기 때문에 행동이 신중하여야 할 뿐만 아니라 정신자세도 바르게 갖추어야 한다. 국회의원이 정책 입안자라면 공무원은 정책의 집행자다.

2021년 3월, 고급정보를 이용하여 투기를 하고는 엄청난 이익을 챙겼다는 의혹을 받는 한국토지주택공사(LH)가 문제인데, 공사 직원으로 추정되는 인물이 익명을 보장하는 인기 온라인 '블라인드'에 다음과 같은 글이 올라왔다.

"내부에서는 신경도 안 씀"

"어차피 한두 달만 지나면 사람들 기억에서 잊혀서 물 흐르듯이 지나갈 것. 나도 그렇게 생각한다. LH 직원들은 차명으로 신도시 땅을 샀는데 (투기 증거를) 어떻게 찾을 거임? 니들이 아무리 화를 내도 난 차명으로 투기하면서 정년까지 꿀 빨면서 일할 것임. 이게 우리 회사만의 혜택이자 복지인데 꼬우면 니들도 우리 회사로 이적하든가. 공부 못해서 우리 회사 못 와 놓고."

카카오톡 채팅방에서 시위자들의 사진을 올리고 글을 올렸다.

"28층이라 (시위자들의 소리가) 하나도 안 들림. 개꿀"

만천하에 공무원의 잘못된 행실이 사실로 드러났는데도 불법 투기를 뉘우치기는커녕 무너진 윤리의식과 도덕적 해이를 그대로 보여준 전형적인 사례이다.

국회의원 역시 마찬가지다. 자기가 법을 만들어 놓고 통과되기 직전에 그 법을 이용해서 이익을 취하는 탈법도 자행되었다.

교만이 부른 참사다.

공(公)과 사(私)는 상대적인 개념이다. '사'의 고문
자 '사(厶)'는 '공'과 상대적이다. 뜻은 '공'이 '사'를 멸하다 라는 것이
다. 상서「주관(周官)」에 "공이 사를 멸하면 정치하는 사람은 공적인 마
음을 가지고 사적인 마음을 제거해야만 천하의 백성이 그에게 충성을
다하여 신임하며 민심이 그에게 귀의하게 된다는 것이다.『시경』「소아」
〈커다란 밭(大田)〉에 "비가 공동의 밭을 적시고, 개인 밭에도 적시네"
라고 하였다. 개인에게 속한 밭을 사전(私田)이라고 하고 정전법(井田
法)에 따라 9등분한 다음 밭 가운데 땅은 공전(公田)이라고 했다. 공적
인 이름을 빌려 사적으로 배를 채우는 '가공제사(假公濟私)', 권력을
이용하여 사적인 이익을 도모하는 '이권모사(以權謀私)'를 묘사한 것이
다. 옛날 성현은 모두 관리는 사심과의 투쟁인 투사(鬪私), 사적인 욕
심을 다스리는 치사(治私), 공적인 마음으로 사적인 욕심을 없애는 '이
공멸사(以公滅私)'를 중요시했다.

한나라 때 왕찬(王粲)이「안신론(安身論)」에서 다음과 같이 말했다.
"평안하게 살려면 안정적인 정치적 조치보다 큰 것이 없고, 안정적
인 정치적 조치는 사적인 욕심을 버리는 것보다 더 큰 것은 없다."

관리가 근심 없이 안심하고 사는데 가장 중요한 것은 국가의 정치
를 잘 다스리는 것에 있고, 관리가 정치를 잘하는 데 가장 중요한 점

은 사사로운 욕심을 버리고 사사건건 공적인 마음으로 행동해야 하는 것에 있다는 뜻이다.

어떻게 사적인 탐욕과 싸우며 다스려서 없애고 공적인 일을 위해 사적인 욕심을 잊을 수 있을까? 춘추시대 복돈(腹黃享)의 고사에 그 해답을 찾을 수 있다.

복돈은 진(秦)나라 사람으로 묵가 학파에 속하였다. 한번은 그의 아들이 사람을 죽여 옥리가 안건을 진혜왕에게 보고했다.

진혜왕은 복돈에게 말했다.

"그대 나이가 이미 많고 다른 아들도 없으니 내가 이미 옥리에게 그대 아들을 죽이지 말라고 일러두었소. 그대는 이번에는 내 말을 듣도록 하시오."

복돈이 급히 대답했다.

"묵가의 규정에 따라 살인자는 죽어야 하고 남을 다치게 한 자는 형벌을 받아야 한다고 했습니다. 이것은 특히 사람이 살인과 폭행을 금지하는 것에 적용한 것입니다. 살인과 폭행을 금지하는 것은 천하의 대의이니 대왕께서 비록 제게 은혜를 베풀어 아들을 죽이지 말라고 옥리에게 명하셨지만, 묵가의 규정을 지키지 않을 수 없습니다."

진혜왕의 말을 듣지 않아서 복돈의 아들은 사형의 벌을 받아 주살되었다. 『여씨춘추』 「거사(去死)」 편에 나오는 고사다.

복돈은 국가의 법률 기강을 지키기 위해 사적인 혈육의 정마저 저버리고 왕의 특혜와 은혜를 거절하고 법에 따라 독생자를 사형장으로 보냈다. 관리는 법에 저촉되는 위반을 저지르면 사적인 정에 이끌리지 않고 잊어버리면서 대의를 중요시하고 공공의 정의와 국가의 이익을 최고로 중요시하였다. 이렇게 공적인 마음을 먼저 생각하고 사적인 욕심과 싸워 이긴 승리자이다. 국가공무원이 행정의 달인이 되는 가장 간단하고도 빠른 길은 사심을 버리고 남의 눈치 보지 말고 지극히 공적이고 성실한 마음을 갖고 자기 소임에 충실한 것이다.

원수지간이든 자기 자식이든 자리에 적합한 사람이면 천거해도 된다. 춘추시대 진평공(晉平公)은 어질고 능력 있는 인재를 찾아 남양의 현령에 임명하려고 대부 기황양(祁黃羊)을 찾아가서 적합한 인물을 천거해달라고 청했다. 기황양은 다른 사람도 아닌 자기와 원수지간인 해호(解狐)를 추천했다. 진평공이 또 용감하게 잘 싸우는 사람을 찾아 군대를 지휘하는 장군 자리에 앉히려고 기황양을 찾아가서 추천을 부탁하자 기황양은 쓸데없는 뒷공론을 걱정할 것도 없이 자기 아들을 추천했다. 추천되는 상대방이 자신과의 관계가 좋든 나쁘든 상관없이 적합한 인물이면 대범하게 추천하였다. 천거된 사람이 덕과 재능이 맡은 직책의 요구와 같아 기황양의 안목이 증명되었다. 후에 공자는 '기황양이 추천한 사람이 덕과 재능의 표준에 맞았으므로 그가 사람을 추천할 때는 자기와 원수지간이든 자기의 혈육이든 상관하지 않고 직책에 적합한 사람인지를 판단하고 천거했다. 기황양은 공적인 일을 먼저 생각하고 사사로움을 잊은 사람'이라고 칭송했다.

사적인 원한이 있는 사람은 공적인 관직에 들어서지 말아야 한다. 『상서』「홍범(洪範)」에 "한쪽으로 치우치지 않고, 한쪽 편을 들어 무리를 짓지 않으니, 왕의 앞길은 드넓다"라고 하였다. 정치는 오로지 국민을 위해 봉사하는 마음으로 전혀 사심이 없는 '대공무사(大公無私)', '공평무사(公平無私)'인 동시에 공공을 위하는 사심을 잊는 '공이망사(公而忘私)'를 뜻한다. 소수의 이익을 편애하여 원칙을 위배하지 않기 때문에 국가의 제도와 법령이 순조롭게 집행되며 정치의 도가 넓고 원대한 것이다. 『한비자』「외저설(外儲說)」(좌하)에 "사사로운 원한이 있는 사람은 공적인 관직에는 들어서지 말아야 한다"라고 했다. 감정에 휩싸여 복수에 불탈 수 있어 평정심을 잃고 공정한 판단을 내리지 못하여 갈등을 초래하게 되어 혼란이 발생할 수 있기 때문이다.

　다음의 내용은 지인에게 들은 얘기다. 아부를 잘하여 모 기관의 장관이 된 S는 사적인 원한 때문에 소속 부서의 과장을 지낸 사람들 가운데 일부러 길게 잡아 10년 전 일을 다시 샅샅이 조사하게 했다. A부장은 한때 그 부서의 과장이었는데 그날 회의 석상에서 이 말을 듣고 이에 반발하여 자리에서 박차고 나가버렸다고 한다. A 과장 바로 후임 L 과장의 약점을 캐서 보복하기 위해서였는데 과장 재임 기간만 조사하면 표적 조사라는 비난을 피하려고 B 과장 앞서 A 과장 재임까지 조사 범위를 넓힌 것이다. L 과장이 S 장관에게 선배 대접을 제대로 하지 않고 자기 말을 듣지 않는다는 이유가 전부다. 다른 부서 사람 P, C, K들은 강원도 강릉으로 친목 나들이를 갔을 때 자기네 부서에 와서 S 장관이 L 과장 욕을 한다며 L 과장도 자기네 부서에 와서 S 장관을 욕하라고 할 정도였다고 한다. L 과장의 추천으로 S가 장관이 되었음에도 배은망덕하게도 S는 장관이 된 후 L이 S에게 무조건 복종하라고 종용하는 보수적 사고방식에 젖어 결국 아랫사람과 원수지간이 된 것이다. 그러나 조사결과는 S가 사적인 원한을 품은 L 과장은 청렴결백하였고, 오히려 자기에게 영합하는 L 과장 후임 다른 과장이 업무추진비를 상식선에서 벗어날 정도로 많이 사용하여, 조사한 결과의 도표 막대 그래프가 하늘을 뚫을 정도였음이 드러났다. 그러나 S 장관은 이 과장이 자기를 지지하는 사람이라고 그의 잘못을 그대로 덮어버렸다. 너와 나의 구분을 확실하게 짓고, 자기를 지지하지 않는 사람을 배척하며 자기만의 이득을 취하는 사고방식에서 벗어나지 못한 것이다. 그런데 S 장관은 자신이 과장 시절 잘못을 저질러 재판을 받고 벌금형을 받은 적이 있다. 이미 신문 지상에도 밝혀진 것인데, 이 사건은 과장이 명예욕과 차기 장관에 욕심이 있어 외부에서 프로젝트를 따내는 공을 세우기 위해 직원들과 결탁하는 방식을 택했다. 마침내 생각해낸 방법이 위조였다. 헛된 욕심으로 충성심을 발휘하여 숫자를 엉터리로 적어내는 등 서류를 가짜로 만들어 마침내 거액의 사업비 획득에 성공했다. 마치 1949년 신중국이 건립된 후, 마오쩌둥이 영국과 미국을 따라잡겠다며 철강 생산을 위해 대약진운동을 일으켰을 때 농민들까지 동원되고 실적 경쟁으로 목표치를 허위로 너무 높게 책정했고, 결국 옛날 방식의 용광로를 만들어 불을 지펴 철을 녹이기 위해 나무를 베어버린 탓에 홍수로 산이 무너져 내렸고, 논이 잠겨 한 해 수확을 망쳐 아사자가 수천만 명에 달하는 참극이 벌어진 것과 같았다. 나라와 기관 하나를 비교하기 어렵지만, 야기된 참극의 원인이 된 허위 서류작성이란 점에서는 이와 다르지 않다.

사건 발생은 다음과 같다. 그 기관에서 수십 년을 일했는데 횡령으로 부서 직원들과 함께 사용한 잘못을 저지르고 퇴직금도 받지 못한 채 파면당한 옛 직원 A는 서운함이 쌓여 원한을 품고 있었다. 가짜 서류를 작성하는 데 참여했던 직원 C와 친구 사이인지라 그에게 자신의 억울한 사정을 호소하고 거짓으로 작성한 가짜 서류 파일을 빼낸 다음, 자기가 몸담았던 기관에 보복하기 위해 검찰에 고발하였다. 마침내 S 과장이 제출한 서류가 허위로 작성된 가짜 서류였다는 사실이 검사의 조사로 만천하에 드러나면서 거액의 사업비 수십억 원이 반납되어 회사에 막대한 손해를 입혔고, 재판에서는 당시 주무 장관과 함께 같은 벌금형이 선고되었다. 사적인 원한과 과욕이 부른 비극이다.

또 소문으로 들었던 일화인데, 모 대학의 처장이 셋이 결탁하여 한 처장의 청탁을 나머지 두 처장이 들어줬다는 이야기다. 사무처장이 임기 만료가 되기 직전에 나머지 두 처장과 평소에도 잘 아는 사이라 청탁을 해둔 상태였다. 청탁한 처장이 먼 곳에 사는 자신의 중고등학교 동창이 이번 사업 계약에 참여할 것이니 되게 해달라고 부탁한 것이다. 처장이 임기가 만료된 후 일주일 후에 기관의 카페 설립을 위한 계약 건이 발표되고 심사에는 나머지 처장들도 포함되었다. 심사결과는 지명도 높은 유명 카페 E의 조건이 좋다고 생각한 심사에 참여한 다른 직원의 반대에도 불구하고 두 처장의 강력한 주장대로 미리 청탁받은 이름도 없는 처음 들어본 작은 업체가 선정되었다. 그리고 임기 만료된 처장은 한때 자기 소속 부하였던 카페 담당 시설팀장에게 전화를 걸어 선정된 업체 사장이 내 친구이니 잘 봐주라는 말까지 했다고 한다. 처장을 그만둔 직후의 계약 건이고 선정기준에 합당했다며 선정에 아무런 문제가 없었다고 자신을 변호하였다. 물론 법적인 책임은 없을 수도 있지만, 짜고 치는 고스톱처럼 조작의 구린 냄새가 나고 도덕적 문제에서 벗어날 수는 없다고 본다.

지인이 전해준 얘기인데, 왜곡된 꿈을 꾼 학장이 있었다고 한다. 자기 학장실에 역대 학장의 사진을 걸어 놓았다. 이런 학장은 아마 대한민국에 없을 것이다. 아마 총장실에는 역대 총장의 사진이 대개는 걸려있다. 그런데 웃긴 것은 학장직은 그만두었지만, 아직 재직 중이고 멀쩡히 살아있음에도 어느 지난 학장의 사진이 걸려있고 그 학장이 현재도 재직 중인데 이 사실을 알고는 떼어놓으라고 해도 막무가내다. 허가받지 않은 초상권 침해다. 회의에 참석한 어느 교수가 제발 사진은 초상화나 거는 것이니 떼어놓으라고 해도 마이동풍이다. 게다가 학장 근무 책상 위에는 조선 국왕의 존재를 상징하는 해와 달, 소나무와 다섯 산봉우리가 붉은색, 청색, 푸른색으로 화려하게 수를 놓은 「일월오봉도(日月五峰圖)」그림까지 걸어 놓았다. 자신이 일개 학장인데 왕이 된 구름 속 위를 걷는 환상에 빠져 다음에는 자신이 차기 부총장, 아니 총장이라도 될 것이라고 꿈을 꾼 것이다. '과유불급'이 선비가 지켜야 할 도리인데 이는 본분을 잃어버린 교만이자 브레이크가 고장 나버린 탐욕의 극치다. 잘 보였던지 다음 학장직에 지명을 받았지만, 결국 인준 때 부결되어 조용히 사라졌다고 한다.

우리 사회는 물론 전 세계 어느 나라에서나 어떤 공공기관이나 학교, 회사를 막론하고 이러한 비리나 부도덕한 일들이 비일비재할 것으로 예측된다. 누구도 이러한 사실이 설령 내 주변에서 일어난 일일지라도 밝혀지지 않으면 구체적으로 알 수가 없다. 그래서 옛날부터 관리에게 최우선으로 도덕적 양심이 요구되었고, 이러한 청렴결백하고 검소하며 근면에 힘쓰는 고상한 인품은 계속 계승하여 발전시켜야 할 모범으로 추앙받았다. 우리가 잘 아는 황희, 맹사성과 더불어 조선 초기 세 명의 청백리란 뜻의 '선초삼청(鮮初三淸)'으로 불린 유관(柳寬)이란 사람이 있었다. 그의 5대조 외손이 바로 『지봉유설』의 저자로 유명한 이수광이다. 그는 평소에 베옷을 입고 짚신을 신었으며 울타리도 담장도 없는 초가집에서 살았다. 비가 많이 올 때마다 초가집 지붕에서 비가 새서 우산을 쓰고 책을 읽었다고 한다. 이수광은 훗날 조상의 초가집 이름을 겨우 비를 덮어 피하는 집이란 뜻의 「비우당(庇雨堂)」으로 짓고 이곳에서 『지봉유설』을 집필했다고 한다.

세종 15년(1433년), 우의정에 올라 조선 초 청백리의 대명사가 된 유관은 88세를 일기로 세상을 떠났다. 시호는 문간(文簡)인데, '문(文)'은 학문을 부지런히 닦고 묻기를 좋아하는 것, '간(簡)'은 덕을 한결같이 쌓고 게을리하지 않는 것을 뜻한다. 『세종실록』 60권, 세종 15년, 5월 7일 기록에 "유관은 검소하고 정직하며 비록 가난하여 먹을 것이 없어도 조금도 개의치 않았다"라고 하였고, 같은 책 61권의 세종 15년, 7월 12일의 기록에는 "기질이 온후하며 성품이 넓고 깊으며 학문은 고금의 사리에 통달하였고 재주는 나라를 경영할 포부를 갖추었다. 그의 문 앞에는 사적으로 찾는 자가 끊어졌고, 곳간에는 남은 재물이 없었다. 지위를 낮추어 예의 바른 풍모를 지녔으며 덕은 높아도 교만한 태도가 없으니 남의 모범이 된다"라고 하였다.

우리나라에서는 고려 시대부터 청백리를 표창하는 제도가 있었는데 조선 시대 청백리로 선발되면 그 후손들이 벼슬길에 나갈 수 있는 특전도 주어졌다. 조선 후기 한학자 강효석(姜斅錫)이 역대 인명에 대한 전거(典據)를 기록한 『전고대방(典故大方)』의 통계에 따르면 조선 왕조 5백 년 동안 청백리는 단 218명에 불과했다고 한다. 조선 후기에 이르러 노론의 일당 독재로 소수 가문만이 권력을 행사하는 세도정치가 횡행하면서 관리들의 기강이 문란해지고 탐관오리가 범람하여 청백리제도는 유명무실해졌다. 이익의 『상호사설』에는 "조정에 청백리의 자손을 등용하라는 명은 있으나 오직 뇌물을 수수하는 자들만이 벼슬을 하고 청백리의 자손들은 굶주려 죽고 만다"라고 하였다.

모든 것에는 때가 있다. 그러나 성공을 자기 능력 때문이라고 자만하면 언젠가는 다시 끝없는 낭떠러지로 떨어진다. 운이 따라줘서 때를 잘 만난 것뿐 아니면 뇌물수수나 이해관계로 적극적으로 아부를 잘하고 권세가에게 영합한 덕분으로 고위공직자가 된 것이지 정말로 능력과 인품이 총체적으로 결합하여 높은 자리를 차지한 것이 아닌데도 자기가 잘 나서 그렇게 된 줄로 착각을 하는 경우가 비일비재하다. 요란을 떨면서 부동산, 법조계, 시장 정치의 업무 분야에 전문가라 추천하였다면서 결국 중대한 공무를 잘못 처리하거나 도덕적 문제를 일으켜 사회를 큰 혼란에 빠트려서 국민의 비난을 받고 물러나는 경우가 종종 발생한다.

박수받을 때 자리에서 내려와야 한다는 말이 있다. 『주역』은 점치는 책인데, 만약 건괘(乾卦)를 얻은 사람은 내리막길에 들어섰다고 할 수 있다. 너무 올라간 용이니 앞으로 발전할 여지가 없을 것이기 때문이다. 그러므로 자기 행동에 조심하고 경솔한 짓을 삼가야 한다는 경고의 점괘다. 서대원의『주역 강의』책을 참고하면, 건괘의 맨 아래 초구(初九)는 잠룡(潛龍)은 쓰지 말라(勿)는 말이니, 인격을 갖추지 못하면 뜻을 펼치지 말아야 한다는 뜻이다. 전혀 준비가 없는 상태에서 잠룡이 때가 있는 줄도 모르고 일찌감치 나서서 설치다가 낭패를 보는 사람들이 허다하다고 지적하였다. 때를 기다려야 한다는 가르침을 담고 있다고 하였다.

두 번째인 구이(九二)에서는 밖으로 모습을 드러낸 현룡(見龍)이 밭(田)에 있으니(在), 대인(大人)을 봄(見)이 이롭다(利)는 말이다. 사람이 사회로 나아갈 때를 얻었다 하더라도, 큰일을 하려면 주변에 사람이 필요하여 인맥을 얻어야 한다는 말이다.

셋째인 구삼(九三)은 군자(君子)는 항상(終日) 최선의 노력을 다하고(乾乾), 저녁(夕)이 되면 다시 반성하고 걱정하는(惕若) 법이니, 비록 그 일이 위태로워도(厲), 허물(咎)은 없고(無), 이 정도면 혹(或) 깊은 물 위로 도약해도(躍在淵) 역시 허물이 없다는 뜻이다. 이는 모든 준비가 완벽하게 갖춰진 군자의 일하는 자세와 더불어 큰일을 성취하기 위한 용기, 그리고 결단력과 추진력을 포함한 모험의 필요성을 강조한 말이다.

넷째인 구사(九四)에서는 비룡(飛龍)이 하늘에 있으니(在天), 대인(大人)을 만나면(見) 이롭다(利)는 말이다. 능력을 발휘하는 최상의 때를 맞이하더라도 역시 조력하는 인물이 있어야 이로운 세계를 얻을 수 있다는 말이다.

다섯째인 구오(九五)에서는 하늘 높이 솟아오르는 항룡(亢龍)은 후회함(悔)이 있다(有)는 말이니, 시간이 지나 때를 넘긴 늙은 용에게는 후회할 일이 생긴다는 뜻이다. 물러나는 일은 타이밍이 중요하다는 뜻이며 교만함을 의미하기도 하는 말이기도 하다. 자연의 섭리를 거슬러

무한한 욕망만을 좇는 오늘의 인간들을 빗댄 말이다. 물러날 때를 알아야 한다는 가르침을 담고 있다.

여섯째인 상구(上九)에서는 뭇 용(群龍)을 보더라도(見) 머리(首)를 드러내지 않으면(無) 길(吉)하다는 말이다. 용들의 무리 가운데에서 함부로 앞서거나 나서지 않는 겸손함을 뜻하므로 어떠한 상황에서도 분수를 지켜야 한다는 말이다.

건괘는 삶의 자세, 고결한 인격자의 자기 겸손을 강조하는 내용을 담고 있으므로 여기에서 드러난 참뜻은 바로 인성이 중요하다는 말이다. 그리고 왜 그렇게 옛 군자들은 도덕적 인품을 중요시했는지 알 수 있다.

태평성세는 누가 정치를 하느냐에 달려 있다. 그것의 첫 단추는 인재 등용부터 시작된다. 믿고 뽑은 정부가 잘못을 저지르면 국민이 정부가 정신 차리고 정책을 고치도록 비판을 허용하는 사회가 건전하고 발전 가능하며 건강한 사회다. 부조리한 현실을 조금이라도 바꾸어 나갈 돈키호테 같은 우직한 공약이 더 설득력이 있다. 정부의 부동산 정책이 실패하여 집값이 계속 치솟더니 집을 살 수 없을 정도로 비싸지자 2020년 말부터 젊은이들이 금리가 낮은 은행 빚을 마구 얻어 집을 사는 '영끌'이 늘어나는 기현상이 생겼다. 서울은 더는 아파트를 지을 땅이 없다고 하는데 아파트를 더 지어 아파트 가격을 잡겠다는 등의 정부의 무리한 정책이 계속 마구 쏟아져나왔다. 그러나 아파트 가격은 낮아지기는커녕 무서울 정도로 더 올랐다. 알뜰살뜰 월급에서 조금씩 저축하여 집을 장만하던 얘기는 구석기 시대 역사 고사나 박물관 유물 해설에서나 들을 수 있고 그러한 사람은 시대에 뒤처진 바보 천덕꾸러기 신세가 되었다. 빚을 내어 주식, 부동산 투기, 비트코인 투자 등으로 우리의 삶은 노력보다는 투자가 아닌 투기로 요행이나 행운을 바라는 사회로 전락하고 말았다. 이러한 불의를 일소할 수 있는 새로운 정치가가 필요하다. 가능성이 크지 않아도 피부에 와닿는 공약을 제시하는 정치가를 국민이 원하듯 양심과 공정, 정의와 평등. 자기만의 정의이고, 내 편 네 편으로 편을 갈라놓은 다음 상대편이 바른말을 하면 적으로 몰아붙이는 정치가 판치는 사회에 맞서 건전한 비판과 신선한 공약을 제시하여 공정한 사회를 만들 수 있는 정치가의 도래를 기원한다. 새로운 정치는 능력보다 도덕적 인성을 갖춘 인재 등용에서부터 시작된다.

여기에서 돈키호테 같은 아이디어 하나를 소개한다. 부동산 해결 방법의 하나인데 아파트 지을 땅이 없다고 하니 서울에 있는 대학 캠퍼스를 모두 경기도나 나머지 지방으로 이전시키고 그 자리에 아파트를 세우는 정책이 필요하다. 단 대학부지에 세우는 아파트는 2030 세대 젊은이만 입주하게 규제한다. 평수는 되도록 작게 하고 몇 년 뒤에는 다음 젊은 세대에게만 팔고 이사할 수 있게 한다. 서울의 부동산 문제 완전 해결이다. 대학이 꼭 땅값 비싸고 교통도 복잡하며 공기도 나쁜 서울에 있을 필요가 없다. 학령 인구수가 줄어들고 있고 새로운 산업 혁명의 시대가 도래하므로 한국 대학교육에 새로운 패러디임이 절대 필요할 때이다. 일단 분교를 가진 대학부터 지방으로 이전한다. 코로나 영향으로 대학 캠퍼스는 무용지물이 되고 말았다. 몇 년 후 캠퍼스로 학생들이 돌아가겠지만, 만약에 한 명의 학생이라도 다시 확진이 확인되면 다시 학교 문은 닫혀야 하니 완전 정상은 불가능하다. 캠퍼스의 존재 여부의 문제가 발생할 것이며 원격 강의의 필요성이 대두될 것이다. 그러면 대학 등록금도 낮아질 것이며 질 좋은 대학 강의도 누구나 원격 강의의 수강이 가능하여 대학 입시 경쟁도 낮아질 것이며 가계에서 사교육비 지출도 낮아지는 등 엄청난 변화가 일어날 것이다. 본래 있던 대학의 문화재 건물은 박물관으로 바꿔 가치가 높은 유물이나 작품을 전시하고 서울 시민에게 양질의 문화광장이 되게 한다. 서울대는 수원, 고려대는 세종, 연세대는 원주, 인천으로 보내고 한양대는 경기도 안산, 성균관대는 경기도 어디 등으로 이전하여 통합한다. 대신 학생의 수도 줄이고 원하는 학생이 기숙사에 많이 기숙하며 공부하도록 한다. 서울과 경기도 학생이 이전 기회에 지방의 사정과 이해도를 높이며 공기 좋은 지방에서 지덕체를 키우는 좋은 기회가 될 수 있다. 지방 대학이란 명칭이 없어져서 지방대생의 설움과 차별도 해결된다. 물론 정부 정책으로 양질의 공장이나 회사를 지방으로 이전하고 세금을 대폭 줄여주고 학생들이 졸업 후 취직할 수 있는 일자리를 창출하여야 한다. 학령인구의 감소로 대학 진학 인구수도 격감하므로 국립대는 도에 하나로 통폐합하고, 사립대도 도에 하나만 남기고 모두 통폐합한다. 지방이 죽으면 서울도 망하여 나라 전체가 불균형으로 망한다는 명제 아래 대학의 문제를 인구학, 생태학, 미래학, 경제학, 정치학까지 포함하여 큰 틀에서 재고하여야 한다. 대학 설립법을 바꾸어 등록 학생 수 격감으로 자연 도태되거나 대학 설립 자격에 미달하여 다른 대학과 통폐합되어 생기는 빈 건물은 만일을 대비하여 의료원이나 양로원으로 개조를 가능하게 허가하여야 한다. 대학교육의 프로그램 역시 대폭 바뀌어야 한다. 수학, 외국어와 같은 기본적인 학문을 제외하면 시대에 뒤떨어진 고리타분한 강의가 너무 많다. 인문사회계열의 강좌 수를 대폭 줄이고 프로그램도 바꿔야 하며, 과학 계통의 강좌 수를 대폭 늘리고 프로그램도 시대에 걸맞게 다양화하여야 한다.

여기에 또 하나 정의롭고 공정한 사회 건설에 필요한 정책을 제시한다. 교통 법규 위반 강화하여 처벌 조항을 늘리고 범칙금이나 벌금을 대폭 올려야 한다. 내 차로 도로 주행을 할 때면 직접 보고 느끼는 점이지만 사람들이 교통 법규를 너무나 안 지킨다. 교통 법규부터 제대로 지키면 사회가 자연히 정의롭고 공정하게 바뀐다. 오스트레일리아 유학 시절에는 차가 없어 몰랐고 애도 갓 태어나 유치원, 초등학교에 보내지 않아 잘 몰랐는데, 기러기 시절 방학 때 가 보면 그곳의 교통 법규와 시민의식을 체험하였다. 초등학교 정문 앞 거리 양편에 주차는 절대 금지여서 속도 제한은 물론 S를 빨간 사선으로 그어 주차금지를 표시한 표지판이 있고, 학교 부근에 걸어서 2, 3분 정도 걸리는 곳곳의 표지판에는 30분만 주차할 수 있다고 되어 있어 그곳에 차를 주차하고 아이를 데리고 가서 학교에 아이를 등교하게 한다. 그런데 한국인 부모는 귀찮다고 학교 정문 앞에 차를 대고 아이가 차에서 내리게 한 뒤 쏜살같이 가버리는데 이틀 뒤 집으로 백 불 범칙금 고지서가 날아온다. 화가 난 부모가 항의하러 구청에 가면 직원이 자신의 차 번호가 찍힌 사진을 보여주면 아무 말을 하지 못하고 누가 사진을 다 찍네? 라고 중얼거리며 집으로 돌아오는 경우가 많다. 멜버른 남부의 모닝턴반도에 쏘렌토라는 바닷가 휴양지가 있는데 주말에 그곳으로 통하는 고속도로를 달리면 진기한 풍경을 만난다. 주행 차선으로 줄지은 차들이 일직선으로 정확히 시속 100km 제한속도를 95km 이상으로 몰며 100km를 초과하지 않도록 노력하는 운전 솜씨를 보이는데 정말 기가 칠 따름이다. 누가 조금만 95km 이하로 몰면 기다렸다는 듯이 추월 차선으로 바꿔 달리고 잠시 후에 다시 주행 차선으로 들어서려고 하는데 틈이 없으면 계속 100km를 넘지 않은 속도로 차를 몰며 들어갈 때를 기다린다. 그런데 갑자기 어디선가 이것을 지키지 않고 100km가 넘는 속도로 소음을 내며 달리는 스포츠카도 있는데 잠시 후에 어디선가 경찰차가 나타나 추격하여 과속을 적발하는 광경을 가끔 본다. 그곳 한국교포가 60km 제한속도의 도로를 61km로 주행하여 우리 돈 6만 원을 낸 적도 있다고 한다. 모든 도로 양편에 주차할 수 있는데 시간제한에 따라 주차비를 내고 영수증을 차 안쪽 창가에 놓아 밖에서 볼 수 있게 하는데 이것은 주차 검표원이 점검할 수 있게 하기 위한 것이다. 이러한 방법도 도입할 만하다. 또 필자가 유학하던 때는 봅 호크 수상이 집권하던 시절인데 그가 어느 장소에서 연설하고 다른 장소로 가려고 급했는지 차의 운전사 옆자리에 앉았을 때 기자가 취재하느라 무엇인가를 묻고 수상이 대답하였는데 그만 안전띠를 매지 않았고 그것이 그대로 전국에 방송되어 어느 시민이 고발하였다. 다음날 수상이 범칙금 냈다며 대국민 사과를 했다. 반면에 한국대사관 직원이 캔버라 근처 고속도로에서 과속으로 경찰에 적발되었는데 무마하려고 뇌물을 주려다가 이것도 걸려 망신을 당한 기사가 큼지막하게 신문 시드니 모닝 헤럴드에 올라온 적이 있었다. 이곳에서는 차가 다니지 않을 때는 사람들이 도로를 무단횡단하기는 하지만, 대부분 자동차는 교통 법규를 아주 잘 지킨다. 범칙금도 비싸 우리나라도 그렇지만 2주 안으로 내면 조금 할인되지만 한 달이나 몇 달 안으로 안 내면 할증되어 점점 비싸진다. 교통 법규를 철저하게 적용하고 범칙금도 더 비싸게 책정하여 이것이 일상화되면 법을 준수하는 풍토가 만들어지고 이것이 확산하여 다른 공적인 일에서도 공정과 정의가 정착될 것이다. 공정한 제도를 만들고 정착시킬 진정한 인재를 구하여야 한다.

인재가 설령 고위공직에 추천이 된다 하더라도 사적인 욕심을 버리고 자신이 공무에 적합한 사람인지 객관적으로 냉철하게 평가하여야 한다. 무조건 명문 대학을 졸업했다거나 판사, 검사, 변호사 출신이라고 무조건 자신이 능력을 갖췄다며 과시하기보다는 도덕적 인성을 갖추었는지를 판단하는데 과거 인사들의 행적을 살펴보고 거울로 삼아야 한다. 한결같이 자기 본분을 지키며 충실했으면 역사에 훌륭한 인물로 평가될 수 있는데도, 과욕을 부리다가 오히려 숨겨진 비리와 위법한 사실까지 들춰져 민낯이 만천하에 드러나는 경우가 있다. 한 인간의 진정한 전모를 정말 남이 알 수 있을까?

선우휘의 『깃발 없는 기수』라는 소설은 1980년에 임권택 감독이 영화로 만들었다. 1945년 8·15일 해방 뒤 좌우의 깃발이 치솟았던 혼돈 속에 내던져져 제3길의 길을 걷는 젊은 기자 윤의 고뇌와 낙망과 좌절을 표현하였다. 현실 속에서 깃발이 없던 기자 윤은 하숙집 주인의 아들 성호가 아버지의 이데올로기 속으로 빠져들어 이데올로기적 영웅 이철의 관련 신문 기사나 포스터로 그의 방 벽 전체를 도배한 것을 보게 된다. 그때부터 기자는 이철의 일거수일투족을 추적하고 그의 진짜 모습을 직접 보게 되면서 좌절하다가 심지어 분노까지 느끼게 된다. 성호가 마침내 이철의 순교자로 나서는 모습에 당황하며 결국은 이철을 총으로 쏴죽인다는 내용이다. 한 인간의 참모습은 어디까지 알 수 있을까? 꼭 남의 사생활을 알아야 하나? 라는 질문이 있을 수 있다. 사회 전체에 끼치는 영향이 큰 사람이라면 그러한 고위공직자는 사전에 능력보다는 도덕적 실체 검증이 절대 필요하다. 보통 말 가운데 천리마를 알아보는 백락이 측근에 있느냐가 중요하다. 인재가 있냐 없냐는 문제가 되지 않는다. 인재는 분명히 재야에 숨어 있다. 내 편이 아니라서 등용하지 않는다면 거꾸로 나와 이해관계가 있어서 학교 동창이어서 학연, 지연, 인연으로 청탁을 받아서 등용했다는 것인데 이것은 국가의 정치를 학교동창회, 향우회 수준으로 끌어내리는 것과 같다.

인사가 만사라고 하는데, 결국 나라를 살리느냐 망치느냐는 인사 등용에 달렸다. 검증 불가한 능력이나 자질이 우선이라는 거짓말에 속지 말고, 아무나 누구든 털면 나오는 도덕성이 기반인 인성을 가장 먼저 고려해야 할 조건이다.

어떠한 조건에도 구애받지 않고 인재를 알아볼 줄 아는 백락과 같은 참모가 필요하며, 내 편의 일방적 긍정적 영합보다는 공정하고 객관적인 창조적 비판도 허용하는 포용심을 가진 지도자도 필요하다.

적이냐 아군이냐 구분 없이 이민자라도 심지어 자기 아들이라도 자리에 적합하면 쓸 수 있는 공정하고 공평하며 정의로운 사회는 이해타산적인 인물 등용, 뇌물수수, 자리에 연연하는 과욕에서 벗어날 때 만들어진다.

중국 사상의 양대 기둥은 유가와 도가다. 공자와 맹자로 대표되는 유가의 최고 덕목이 입신출세라면, 노자와 장자로 대표되는 도가의 정신은 현실의 속박에서 벗어나 자연에 순응하는 자유에 있다. 입신출세는 이기적 유전자에 기반을 둔 철저한 경쟁에서 비롯된 명예, 돈, 권력의 쟁취가 최종 목표이며, 자연에의 순응은 염세적 현실 비판과 부정적 태도로 현실의 가치를 초월적으로 무시하는 관조적 자위와 진정한 자유 유희를 바란다. 입신출세의 함정은 욕심이 지나치면 패가망신한다는 과유불급에 있고, 도가의 대가는 원하지 않은 장수에 있다.

구마라습은 세상의 모든 것은 변하여 영원한 것은 없다고 설파했다. 인생살이 '새옹지마'라고 했다. 박수를 받을 때가 위험하다는 신호다. '화무십일홍(花無十日紅) 권불십년(權不十年)'이란 권력 무상을 일컫는 말이다. 오늘의 적이 내일의 친구가 된다고도 한다. 그래서 공직자에게 절대 필요하고 중요한 공선사후, 공명정대, 공평무사 등의 공통 단어는 '공(公)'이다. 사(私)를 버려야 한다.

수의(壽衣)에는 호주머니가 없다.

2021. 1. 23.
이해원

참고문헌

머리말

(宋) 司馬光 撰, (宋遺民) 胡三省 注, 章鈺 校記,『新校資治通鑑注』(1), 臺北: 世
　　界書局, 1972.

(송) 司馬光,『柏楊版資治通鑑』(第1冊), 中國友誼出版公司, 2000. (臺北: 遠流
　　出版公司, 1983)

01. 증자(曾子)

『論語』第8,「泰伯」,

　　　　　第1,「學而」

(宋) 朱熹,『論語集註』

성백효 역주,『논어 집주』, 전통문화연구회, 2005.

02. 자한(子罕)

『周禮』, 지재희·이준영 해역(解譯), 자유문고, 2002.

『春秋左傳』第15,「襄公」15年

　　　　　第19,「襄公」29年

　　　　　卷2,「桓公」2年

문선규 역저,『춘추좌씨전』, 명문당, 1985.

『周易』

김경탁 역주,『주역』, 명문당간, 1978.

서대원 지음,『주역 강의』, 을유문화사, 2018.

03. 공의휴(公儀休)

『史記』卷119, 「列傳」第59, 「循吏列傳」.

정범진 외 옮김, 『사기 열전』, 까치, 1994.

『淮南子』卷12, 「道應訓」

『韓非子』第35, 「外儲說」(右下)

『新序』第7, 「節士」

04. 소하(蕭何)

『史記』卷53, 「列傳」第23, 「蕭相國世家」

정범진 외 옮김, 『사기 세가』(하), 까치, 1994.

『漢書』卷39, 「傳」第9, 「蕭何曹叁傳」

05. 공손홍(公孫弘)

『史記』卷112, 「列傳」第52, 「平津侯主父傳」

06. 양속(羊續)

『後漢書』卷31, 「列傳」第21, 「羊續傳」

07. 유총(劉寵)

『後漢書』卷50, 「列傳」第40, 「孝明八王列傳」

『資治通鑑』卷第62

08. 양진(楊震)

『後漢書』卷54, 「列傳」第44, 「楊震傳」

09. 제오륜(第五倫)

『後漢書』卷41, 「列傳」第31, 「第五倫列傳」

10. 공분(孔奮)

『後漢書』卷31, 「列傳」第21, 「孔奮傳」

11. 제준(祭遵)

『後漢書』卷20, 「列傳」第10, 「祭遵傳」

12. 제갈량(諸葛亮)

『三國志』卷35, 『蜀書』5, 「諸葛亮傳」.

김원중 옮김, 『삼국지』, 민음사, 2011.

13. 전예(田豫)

『蒙求』

『三國志』卷26, 『魏書』26, 「田豫傳」

14. 육적(陸績)

『三國志』卷57, 『吳書』12, 「陸績傳」

(淸) 顧沅 輯, 孔繼光 繪, 『吳郡名賢圖傳贊』(道光 9年 刻本)

15. 주처(周處)

『晉書』卷58, 「列傳」第28, 「周處傳」

『世說新語』15, 「自新」. 김장환 역주, 『세설신어』, 살림, 1996.

明代 黃伯羽, 『蛟虎記』(傳奇 戲曲)

京劇 『除三害』

16. 호씨 부자

호질(胡質)

『三國志』卷27, 『魏書』27, 「徐胡二王傳」

『晉書』卷90, 「列傳」第60, 「胡威傳」

호위(胡威)

『晉書』卷90,「列傳」第60,「胡威傳」

『資治通鑑』卷第81

17. 서막(徐邈)

『三國志』卷27,『魏書』27,「徐胡二王傳」

18. 장범(張範)

『三國志』卷11,「魏書」第11,「張範傳」

19. 왕공(王恭)

『世說新語』31,「忿狷」

　　　　　1,「德行」

　　　　　8,「賞譽」

　　　　　23,「任誕」

　　　　　16,「企羨」

김장환 역주,『세설신어』, 살림, 1997.

『晉書』卷84,「列傳」第54,「王恭傳」

『春秋左傳』第1,「隱公」9年, 10年

왕침(王忱)

『世說新語』7,「識鑑」

　　　　　31,「忿狷」

　　　　　23,「任誕」

유담(劉惔)

『晉書』卷75,「列傳」第45,「劉惔傳」

『唐會要』卷79

『資治通鑑』卷97,「晉紀」第19,「劉惔傳」

『世說新語』1,「德行」

9,「品藻」

5,「方正」

7,「識鑑」

4,「文學」

2,「言語」

20. 산도(山濤)

『世說新語』3,「政事」

8,「賞譽」

『資治通鑑』卷80,「晉紀」第2,「山濤傳」

『晉書』卷43,「列傳」第13,「山濤傳」

21. 서면(徐勉)

『梁書』卷25,「列傳」第19,「徐勉傳」

『南史』60,「列傳」第50,「徐勉傳」

『資治通鑑』卷157,「梁紀」第13

22. 오은지(吳隱之)

『晉書』卷60,「良吏」,「吳隱之傳」

23. 임방(任昉)

『梁書』卷14,「列傳」第8,「任昉傳」

『南史』卷59,「列傳」第49,「任昉傳」

24. 소작(蘇綽)

『周書』卷23,「列傳」第15,「蘇綽傳」

『北史』卷63,「列傳」第51,「蘇綽傳」

(淸) 嚴可均 輯,『全上古三代秦漢三國六朝文』,『全後魏文』卷55,「六條詔書」

25. 육지(陸贄)

『新唐書』卷157,「列傳」第82「陸贄傳」

『舊唐書』卷139,「列傳」第89,

『資治通鑑』권223,「唐紀」第39

　　　　　　권228,「唐紀」第44

『陸宣公集』, 臺北: 中華書局, 1970

『新唐書』卷7,「本紀」제7,「德宗本紀」

『舊唐書』卷13,「本紀」제13,「德宗本紀」

26. 두섬(杜暹)

『舊唐書』卷98,「列傳」第48,「杜暹傳」

『新唐書』卷126,「列傳」第51,「杜暹傳」

『資治通鑑』卷第212,「唐紀」第28

　　　　　　卷第213,「唐紀」第29

27. 요숭(姚崇)

『新唐書』卷124,「列傳」第49,「姚崇傳」

『舊唐書』卷96,「列傳」第46,「姚崇傳」

『資治通鑑』卷第207,「唐紀」第23

28. 노균(盧鈞)

『舊唐書』卷177,「列傳」第127,「盧鈞傳」

『新唐書』權182,『列傳』第107,「盧鈞傳」

『資治通鑑』卷第245,「唐紀」第61

29. 최융(崔戎)

『舊唐書』卷162,「列傳」第112,「崔戎傳」

『新唐書』卷159,「列傳」第84,「崔戎傳」

『資治通鑑』

30. 두보(杜甫)

『舊唐書』卷190,「列傳」第140,「杜甫傳」

『新唐書』卷201,「列傳」第126,「杜甫傳」

31. 하역우(何易于)

『新唐書』卷21,「列傳」第122,「循吏」「何易于傳」

32. 서구사(徐九思)

『明史』卷281, 列傳」第169,「徐九思傳」

33. 우성룡(于成龍)

『淸史稿』卷277,「列傳」第64,「于成龍傳」

34. 강희제(康熙帝)

『淸史稿』「本紀」第6-8,「聖祖本紀」1-3

35. 장백행(張伯行)

『淸史稿』「列傳」第52,「張伯行傳」

지족불욕

중국 청백리 열전

초판인쇄 2021년 7월 9일
초판발행 2021년 7월 9일

지은이 이해원
펴낸이 채종준
펴낸곳 한국학술정보㈜
주소 경기도 파주시 회동길 230(문발동)
전화 031) 908-3181(대표)
팩스 031) 908-3189
홈페이지 http://ebook.kstudy.com
전자우편 출판사업부 publish@kstudy.com
등록 제일산-115호(2000. 6. 19)

ISBN 979-11-6603-453-4 03910